図解 眠れなくなるほど面白い

戦国武将の話

小和田哲男 監修
TETSUO OWADA

日本文芸社

はじめに

いま、戦国時代に人びとの関心が集まっているように思います。テレビの歴史番組のテーマに、戦国武将がしばしば登場しますし、年に何回か、「戦国武将総選挙」や「戦国最強の武将は誰か」といった特別番組が放送されたりしています。少し前まで、そういった現象はなかったのではないでしょうか。

それはなぜかといいますと、戦前の軍国主義への反省から、戦後、研究者レベルでの戦国時代およびその担い手だった戦国武将研究が、長いことタブー視されていたからです。

私が戦国時代史研究を志したのは1960年代ですが、その頃はまだそういった風潮はありました。

「合戦の研究や、武将、すなわち軍人の研究をやって何になる」といわれたことさえあります。一般的には、武将イコール軍人といったとらえ方だったのだと思います。

武将がいかにして人心を掌握《しょうあく》していったのか、領国経営にどのように手腕を発揮したか、それが、現在の私たちにどうつながっているのかといった視点は、その後の研究者たちによって切り開かれた方法論といってよいでしょう。こうした、地道な研究の積み重ねが現在の「戦国ブーム」といわれる現象につながっていることはみておく必要があるように思います。

研究が進むにしたがって、従来の戦国武将像が書き改められてきていることを指摘しておかなければなりません。実は、新しい史料の発見や、これまであった史料をちがう視点でみていくことによって、これまでとはちがう武将の真の姿がみえてきたのです。

たとえば、本書でも取りあげている北条《ほうじょう》早雲《そううん》、正しくは伊勢《いせ》宗瑞《そうずい》ですが、以前は、伊勢の素浪人だった者が一代で伊豆・相模2カ国の戦国大名にのし上がったとされてきました。その後の研究で、出身地は伊勢ではなく備中《びっちゅう》、しかも、幕府の政所《まんどころ》執事を務めた伊勢氏一族の出身ということもわかってきました。また、生年も永享4（1432）年ではなく、康正2（1456）年と、何と24歳も若返ったのです。

こうした、最新研究による「新説」をこの本ではたくさん盛り込んでいます。

また、右ページに文章、左ページにその人物に関する情報を系図・地図、さらには能力をチャートにして図示したりして、理解を深めやすいよう構成しています。

戦国時代は、たしかに、その時代名称の通り、毎日のようにどこかしらで戦いが起こり、家は焼かれ、田畠は荒らされ、人は殺されるという悲惨な状況だったことはまちがいありません。しかし、人びとは、そのようななかでも必死に生きてきました。本書で武将たちがどのように新しい時代を築きあげていったのかを読み取っていただければと思います。

2021年7月

小和田哲男

戦国時代年表

1467	応仁元年	応仁・文明の乱がはじまる。戦国時代の幕開け
1473	文明5年	足利義尚が第9代将軍となる
1477	文明9年	応仁・文明の乱が終息
1485	文明17年	山城国一揆が畠山軍を破って自治制をしく
1488	長享2年	加賀の一向一揆が富樫政親を滅ぼす
1500	明応9年	北条早雲（伊勢宗瑞）が小田原城に入る
1504	永正元年	京都の土一揆に幕府が徳政令を出す
1519	永正16年	北条早雲（伊勢宗瑞）死去
1521	大永元年	足利義晴が第12代征夷大将軍となる
1523	大永3年	明で大内義興と細川高国が争う（寧波の乱）
1530	享禄3年	上杉謙信、越後で誕生
1531	享禄4年	加賀一向一揆起こる
1534	天文3年	織田信長、尾張で誕生
1537	天文6年	豊臣秀吉、尾張で誕生
1538	天文7年	大内義隆が朝鮮に大蔵経や儒書を求める
1541	天文10年	武田信玄、父・信虎を追放し家督を継ぐ
1542	天文11年	徳川家康、三河で誕生
1543	天文12年	ポルトガル人が種子島で鉄砲を伝える
1546	天文15年	足利義輝が第13代将軍となる
1548	天文17年	上杉謙信、家督を継ぐ
1549	天文18年	ザビエルが鹿児島に上陸、キリスト教伝来

戦国大名とは何か

戦国大名とは、戦国時代に全国各地に割拠した領域支配者のことをいう。

戦国時代とはいつからいつまでをいうのか。専門家の間でも意見の一致を見ない問題だが、仮に室町幕府の10代将軍足利義稙《あしかがよしたね》が家臣の手でその座から引きずり降ろされた明応《めいおう》2（1493）年を始まり、関ヶ原の戦いのあった慶長《けいちょう》5（1600）年を終わりとしても、100年以上続いた計算になる。

中央には天皇と将軍、地方には守護と守護代がありながら、肩書と実際の権力との間に大きな隔たりがあった。それこそが戦国時代の特徴で、各地で実効支配を担っていた領域支配者が「戦国大名」と呼ばれる人びとだった。

戦国時代当初、守護の職にあったのは足利一門でなければ、京極《きょうごく》氏や赤松氏のような室町幕府創設の功労者で、守護代の出自は一様でなく、守護代より下の被官（家臣）は国衆《くにしゅう》（国人《こくじん》領主）と称され

		徳川家康、今川家の人質になる
1551	天文20年	大内氏滅亡
1554	天文23年	今川・北条・武田の三国同盟成立
1556	弘治2年	長良川の戦い（斎藤道三敗死）
1560	永禄3年	桶狭間の戦いで、織田信長が今川義元を破る
1561	永禄4年	第四次川中島の戦い（最大の激戦）
1562	永禄5年	織田信長・徳川家康の清須同盟成立
1564	永禄7年	川中島の戦い、引き分けで終戦
1565	永禄8年	将軍足利義輝を三好義継らが殺害
1566	永禄9年	毛利元就、尼子義久を月山富田城に攻めて降伏させる
1567	永禄10年	伊達政宗、出羽で誕生
1568	永禄11年	織田信長が京都に入る、また関所を廃す
		足利義昭が第15代征夷大将軍となる
1570	元亀元年	姉川の戦いで織田信長が浅井・朝倉連合軍を破る
		織田信長と一向宗の対立悪化、石山合戦はじまる
1571	元亀2年	織田信長が比叡山延暦寺を焼き討ちする
1572	元亀3年	三方ヶ原の戦いで、武田信玄が徳川家康を破る
1573	天正元年	武田信玄死去
		織田信長、将軍足利義昭を追放して室町幕府が滅亡
		織田信長、朝倉義景を一乗谷にて、浅井長政を小谷城にて攻め滅ぼす
1574	天正2年	織田信長、伊勢長島の一向一揆を討つ
1575	天正3年	長篠・設楽原の戦いで、織田信長・徳川家康が武田勝頼を破る
		織田信長が、越前一向一揆を討滅
1576	天正4年	織田信長が安土城築城に着手する

る土着または先住の武士団からなっていた。

戦国時代といえば下剋上《げこくじょう》がお馴染みだが、守護代が上昇する例もあれば、国衆から成り上がる例もあった。周防《すおう》の大内氏や駿河《するが》の今川氏のように、室町時代の守護大名がそのまま戦国大名に横滑りした例もあるにはあるが、それよりも断然多かったのは越前朝倉氏や越後の長尾氏、尾張の織田氏などのように、守護代が戦国大名化する例だった。

大雑把に分ければ、戦国時代前半は遠心力ばかりが働く分裂が加速した時期にあたる。支配領域が細分化されれば生産効率が下がるから、足りない分はどこからか奪ってくるしかなく、それがまた新たな争いの種になるなど、戦いの連鎖が留まるところを知らなかった。

それに対して戦国時代後半は戦国大名の淘汰《とうた》が急速に進み、全国統一への道筋が見えてくる。鉄砲の伝来・普及と複数の国を支配する大大名の登場は鶏と卵の関係と同じく、どちらが主因とも判別つけがたいが、一番の起爆剤となった人物が織田信長であることは間違いなかろう。

1577	天正5年	松永久秀、織田信長に叛き、大和信貴山城を攻められ自害する
		豊臣秀吉、織田信長の命により中国地方に出兵する
1578	天正6年	上杉謙信死去
1579	天正7年	上杉景勝、鮫ヶ尾城を攻めて、上杉景虎を自害させる
1580	天正8年	石山合戦、織田信長の勝利で終戦
1582	天正10年	武田勝頼、甲斐田野で自害する（武田氏滅亡）
		備中高松城の戦い
		本能寺の変
		山崎の合戦で、豊臣秀吉が明智光秀を討つ
		豊臣秀吉、織田信孝を岐阜城に攻め降伏させる
		太閤検地の開始（〜1598）
1583	天正11年	賤ヶ岳の戦いで、豊臣秀吉が柴田勝家を破る
		豊臣秀吉、北陸を平定
		豊臣秀吉、大坂城を築く
1584	天正12年	小牧・長久手の戦い後、豊臣秀吉と徳川家康が和睦
1585	天正13年	豊臣秀吉、関白になる
1586	天正14年	島津義久、大友氏を攻める
1587	天正15年	島津義久、豊臣秀吉に降伏する（九州平定）
		豊臣秀吉がバテレン追放令を出す
		聚楽第が完成。豊臣秀吉、大坂城より移る
		豊臣秀吉、千利休・津田宗及らを茶頭とし、北野天満宮で大茶会を催す
1588	天正16年	豊臣秀吉、刀狩実施
1589	天正17年	伊達政宗、歴戦を制し東北地方の覇者となる
1590	天正18年	豊臣秀吉の全国統一

天下統一の一番手織田信長の存在理由

混戦状態から抜け出すためには軍事と経済の両面で他を凌駕《りょうが》する必要があり、かつ天運にも恵まれた者だけが大大名として生き残りを図れた。

関東の北条氏、甲信《こうしん》の武田氏、北陸の上杉氏、東海の徳川氏、中国の毛利氏、四国の長宗我部《ちょうそかべ》氏、九州の島津氏などがいたなか、結果として全国統一への道は、織田信長→豊臣秀吉→徳川家康のバトンリレーにより達成されたが、この3人の順番は重要である。

一番手は秀吉にも家康にも務まらず、やはり信長のように破天荒で、比叡山延暦寺《ひえいざんえんりゃくじ》の焼討や伊勢長島一向一揆の殲滅《せんめつ》に代表される、平然と汚れ役を引き受けられる人物でなければならなかったのではあるまいか。

数千人もの僧兵を有する比叡山延暦寺は平安時代末以来、京都の政局に関与を続け、戦国時代には新たに浄土真宗（一向宗《いっこうしゅう》）が戦国大名をも脅かす勢

西暦	和暦	出来事
		北条氏が滅ぶ 豊臣秀吉、徳川家康を関八州に移封する 伊達政宗、豊臣秀吉に降伏する（奥州仕置）
1591	天正19年	千利休が豊臣秀吉に自殺させられる
1592	文禄元年	文禄の役（第一回朝鮮出兵）
1594	文禄3年	豊臣秀吉が伏見城に入る
1595	文禄4年	豊臣秀吉、秀次を高野山に追い自害させる
1597	慶長2年	慶長の役（第二回朝鮮出兵）
1598	慶長3年	豊臣秀吉、醍醐の花見を行なう 豊臣秀吉死去
1599	慶長4年	前田利家死去 石田三成が加藤清正・黒田長政らと対立し、近江佐和山に退居する 徳川家康、大坂城にて豊臣秀頼と会見する
1600	慶長5年	徳川家康、諸大名に上杉景勝征討を命令する 石田三成、徳川家康追討のため挙兵 第二次上田合戦（徳川秀忠が関ヶ原の戦いに遅参した） 関ヶ原の戦い
1603	慶長8年	徳川家康が征夷大将軍となり、江戸幕府が成立
1609	慶長14年	島津氏、琉球を征服 オランダが平戸に商館を設置
1613	慶長18年	イギリス船来航、徳川家康が通商を許可
1614	慶長19年	方広寺鐘銘事件が起こる 大坂冬の陣
1615	元和元年	大坂夏の陣で豊臣氏滅亡 徳川秀忠、「武家諸法度」を制定
1616	元和2年	徳川家康死去

力として広範囲で台頭した。神仏を盾にする勢力は中世の残滓《ざんし》に他ならず、信仰の絆で結ばれた勢力の放置は二重権力状態を作りかねなかった。地域によっては一向宗を信仰する武士が多く、主君より本山の命令を優先させる傾向が見られたからである。

神仏に刃《やいば》を向けるのは恐れ多い。僧兵や一向一揆相手に戦うのは罰当たりとする観念が広く浸透している状況では、危険を承知で放置し、相手が牙《きば》を剥《む》いたときだけ慌てて応急措置を取るという、その場凌《しの》ぎが繰り返された。この連鎖を断ち切るべく行動に出たのが信長で、やり方に賛否はあれども、いずれ誰かが手を汚さねばならない課題であった。

信長が本能寺で斃《たお》れたことから、全国統一の総仕上げは、後継者争いに勝利した豊臣秀吉の手で行なわれるが、ようやく生まれた豊臣政権も事実上、秀吉一代で終りを告げる。

天下分け目の関ヶ原の戦いを経て、再び全国統一を果たしたのは、かつて信長と同盟を結びながら、秀吉の世では臣下として忍従の日々を過ごした徳川家康だった。

『眠れなくなるほど面白い 図解 戦国武将の話』目次

第4章 徳川家康と関ヶ原の戦い……97

カバーデザイン　柴田琴音（Isshiki）
本文デザイン　齋藤友貴（Isshiki）
イラスト　竹口睦郁
編集協力　島崎　晋
風土文化社（大迫倫子）

第1章

戦国時代の幕開け

足利義政

日本史上、屈指の暗君だった？

新説

無定見かつ無責任極まりない暗君

15代まで続いた点は同じでも、江戸時代の徳川将軍と比較すると、室町時代の足利《あしかが》将軍の影はやはり薄い。そのなかにあって、室町幕府の8代将軍足利義政《よしまさ》は比較的知名度の高いほうに分類されよう。

3代将軍義満《よしみつ》の北山文化に対し、義政は銀閣寺に代表される東山文化の中心にいた人物だが、**彼の名は文化的な功労者としてより、むしろ日本史上屈指の暗君《あんくん》として、人びとの脳裏に刻まれている。**京都の中心部を序盤の主戦場とした応仁《おうにん》・文明《ぶんめい》の乱において、仮にも将軍という責任を負うべき立場にいたのだから。

応仁・文明の乱は応仁元（1467）年に始まり、終結したのは文明9（1477）年のこと。将軍を支えるべき三管領《さんかんれい》の一つ畠山《はたけやま》氏の継嗣《けいし》問題に端を発し、同じく三管領の一つである斯波《しば》氏、さらには将軍自身の継嗣問題などが複雑に絡み合った結果、戦火は京都から全国規模に拡大した。

初代の尊氏《たかうじ》や3代目の義満のような、才気・覇気溢れる先祖とは似てもにつかず、**8代将軍義政は豪壮な建築物で自己を飾ることにしか関心を示さず、政治においては周囲の意見に流されやすく、決定を二転三転させることを恥としなかった。**

自身になかなか男子ができないことから、弟の義《よし》視《み》を後継者にするが、妻の日野富子《ひのとみこ》が義尚《よしひさ》を産み、富子に迫られるや態度を変えた。これにより生じた義視との軋轢《あつれき》が、応仁・文明の乱誘発の一因となった。このように**義政はおよそ主体的に動くことのできない無定見《むていけん》かつ無責任な人物だった。**

応仁・文明の乱のきっかけをつくった将軍

足利家略系図

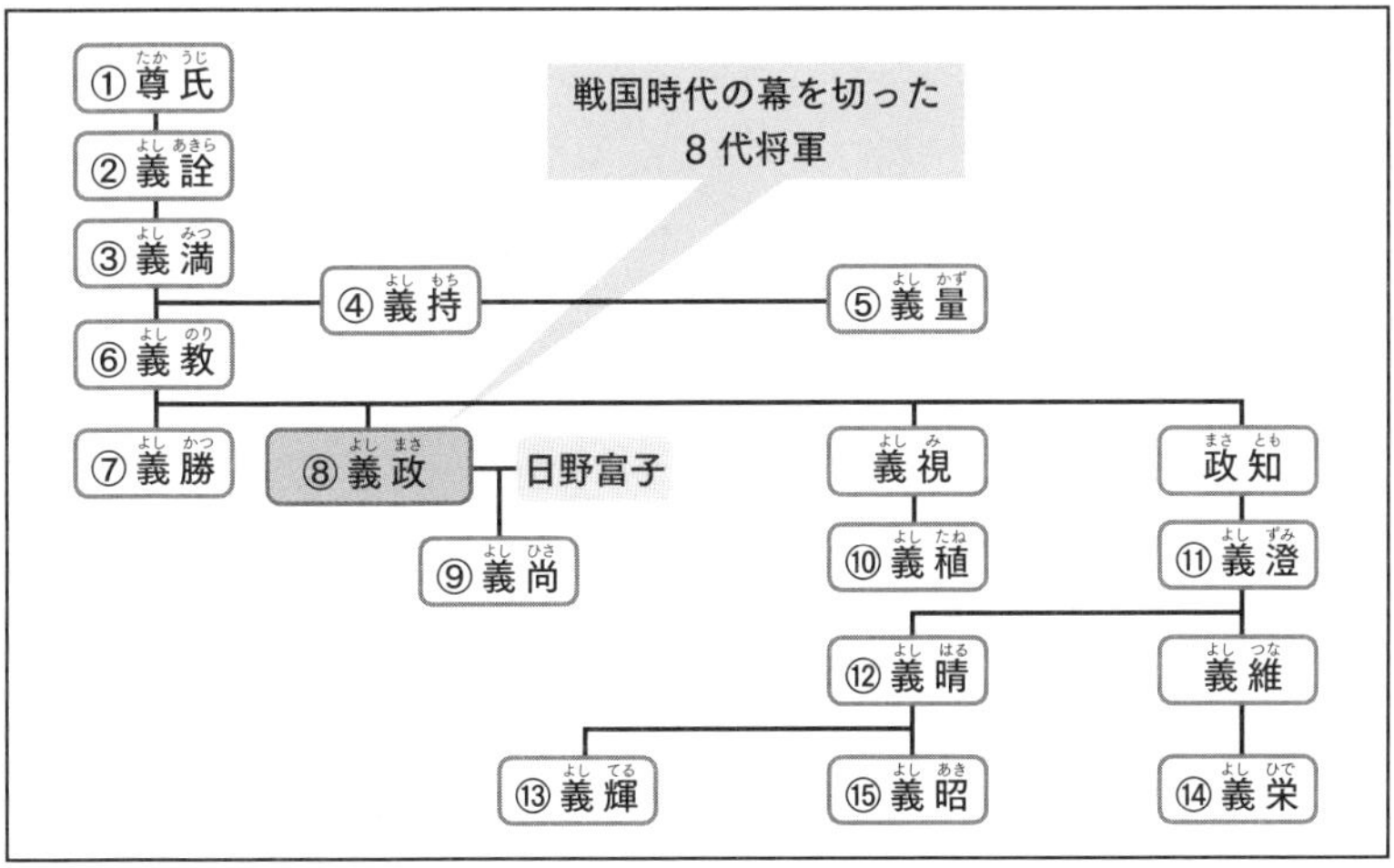

応仁・文明の乱の主な相関図

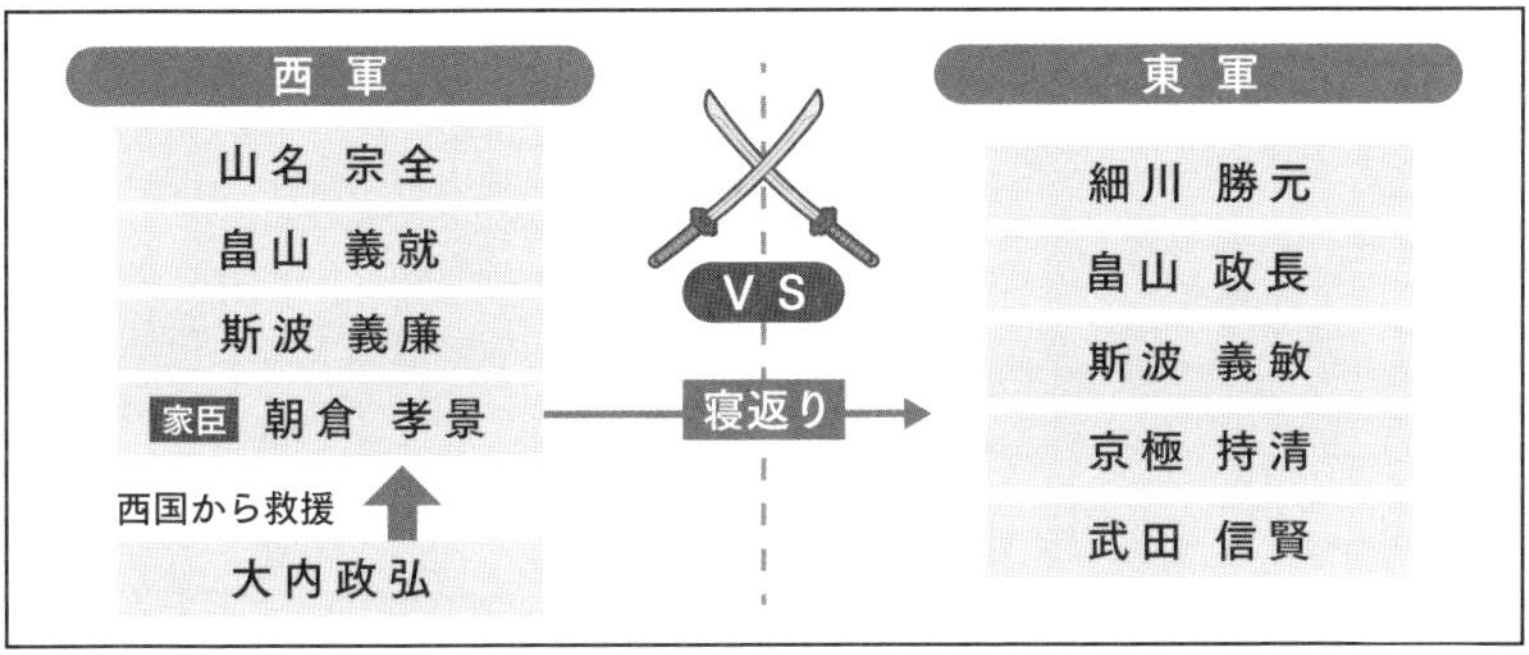

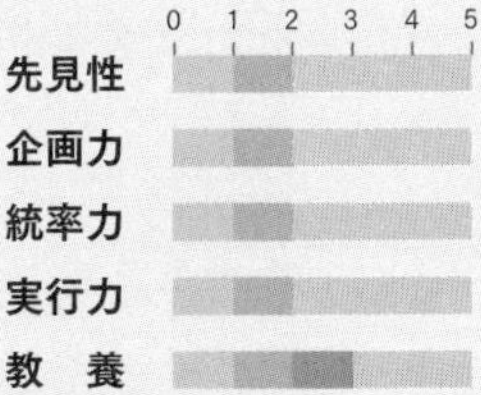

足利義政《あしかがよしまさ》 （1436年～1490年）

室町幕府第6代将軍・足利義教の二男。兄が早世すると後継に定められ、宝徳元（1449）年、元服と同時に第8代将軍となる。寛正5（64）年、弟の義視を養嗣子としたが、翌年に実子・義尚が誕生。後継争いが応仁・文明の乱に発展。文明5（73）年、義尚に将軍職を譲って東山に隠居。延徳元（89）年、義尚の死後、政務に戻ったが翌年病死。

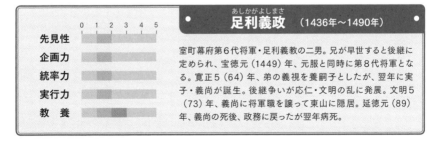

山名宗全

応仁・文明の乱の終わりを見ずに隠居？

新説

責任感の強さゆえに精神を病んだ

応仁・文明の乱をとことん単純化すると、対立の当事者は東軍総大将の細川勝元《かつもと》と西軍総大将の山名《やまな》宗全《そうぜん》の2人といえる。細川氏が幕府を支える三管領の一つなら、山名氏も同じく四職《ししき》家の一つだった。

足利氏の股肱《ここう》の臣である山名氏は、2代将軍義《よし》詮《あきら》の代には一族全体で11カ国の守護職を占め、「六分の一殿」と称された。しかし、3代将軍義満《よしみつ》から警戒され、一時は低迷したものの、6代将軍義教《よしのり》を弑逆《しいぎゃく》した播磨《はりま》の赤松満祐《あかまつみつすけ》を攻め滅ぼしたことで、宗全の代には往年の勢威を完全回復させた。

応仁・文明の乱前夜の幕府では、政所執事《まんどころしつじ》で義政の実子義尚の傅役《もりやく》でもある伊勢貞親《いせさだちか》を頭とする勢力と細川勝元を頭とする勢力、山名宗全を頭とする勢力が三者鼎立《ていりつ》の状態にあったが、文正元（1466）年に起きた政変で貞親の権勢が失墜。均衡が大きく崩れたことで、何かきっかけさえあれば、細川・山名両雄の直接対決が避けがたくなった。

当事者意識が希薄で、気楽に構えていられた将軍義政とは対照的に、**一族と与党の命運を双肩に負う形の宗全は相当な重圧を感じていた**はずで、**勝手な行動に走る者や寝返る者が続出するに及んでは心身の疲労が蓄積するのも無理はなかった。**

文明4（1472）年4月以降、狐に憑依《ひょうい》されたとか、切腹を図ろうとしたなどの噂がたびたび流布した。同年8月に家督を孫に譲り、完全な隠居を決めた事実からすると、**戦の指揮を続けられる状況になかったのだろう。**

山名宗全を中心とした相関図

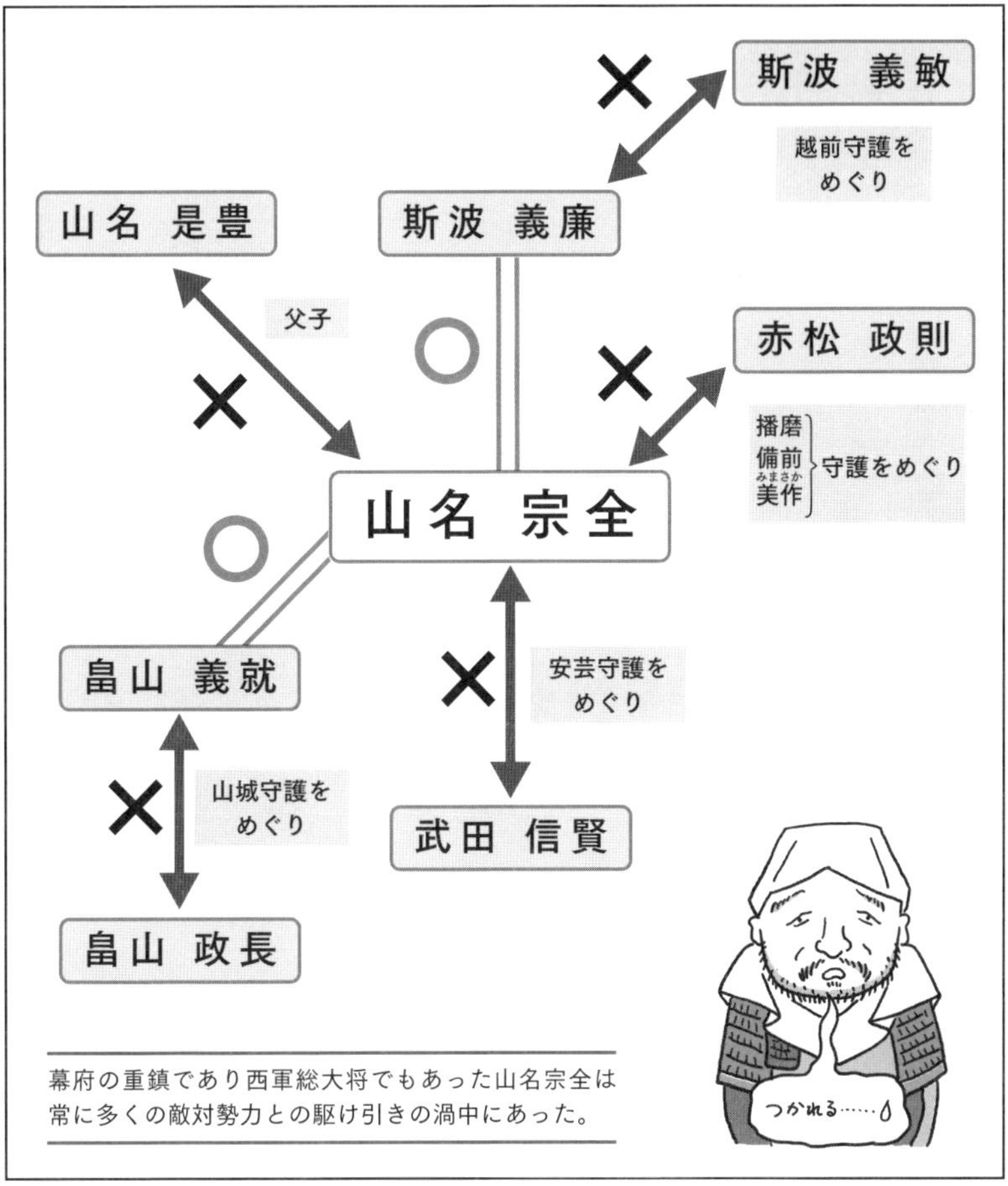

幕府の重鎮であり西軍総大将でもあった山名宗全は常に多くの敵対勢力との駆け引きの渦中にあった。

山名宗全《やまなそうぜん》（1404年～1473年）

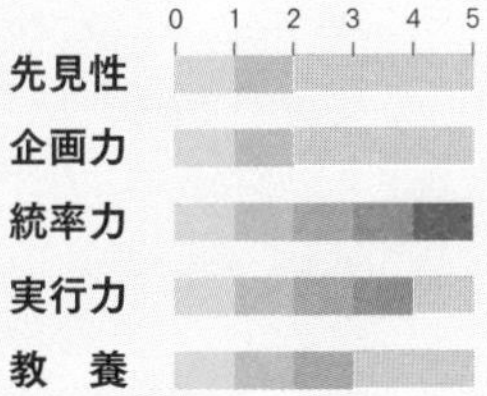

室町幕府第3代将軍・足利義満に仕えた守護大名・山名時熙（ときひろ）の嫡子。永享5（1433）年に家督を継ぎ、但馬、備後、安芸、因幡の守護となる。嘉吉の乱では、足利義教を殺した赤松満祐を討伐。その功により播磨、備前、美作を得る。応仁・文明の乱では、足利義尚を支持し、義視を支持する細川勝元と対立する。西軍の総大将となったが、陣中で死去。

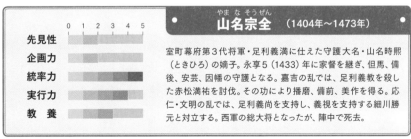

細川政元

戦国史上、類を見ない個性とは？

新説

性的嗜好と信仰を優先し、務めを放棄

細川氏は足利氏の一門。政元《まさもと》は東軍総大将を務めた細川勝元の嫡男《ちゃくなん》で、惣領家《そうりょうけ》である細川京兆家《けいちょうけ》の家督をも継承した。

応仁・文明の乱は終わっていたが、一度弛《ゆる》んだタガを元通りにするのは不可能に近かった。政元自身も10代将軍足利義材《よしき》（義稙《よしたね》）の南近江《おうみ》遠征中に政変を起こし、義材の従兄弟義澄《よしずみ》を11代将軍に擁立することで細川京兆家による専制体制を築き上げ、「天下無双之権威」と称されもした。しかし義材の身柄を確保することができず、義澄との関係もこじれ、家臣団の統制に緩みが生じた挙句、ついには凶刃に斃《たお》れ、細川京兆家の分裂さえ招くこととなった。

政元が当時の政局の中心にいたことは間違いないが、**政元は信仰と性的嗜好の両面において、他に類を見ない強力な個性を有していた。**男色と修験道にのめり込むあまり、**妻帯どころか女色をも完全に断った上、修験道の一大拠点である奥州白河《おうしゅうしらかわ》へ巡礼に赴こうとした。**

道中の危険もさることながら、仮に難を避けられたとしても、京都では最短でも数カ月、権力の空白が生ずる。代理が務まる者もいないなか、野心逞《たくま》しい近国の者が兵を整えて上洛し、将軍の首を挿《す》げ替えるには十分な時間であった。

政元は女色を避けているから実子もいない。公家の九条家《くじょうけ》と同族の阿波《あわ》細川家から養子を迎えていたが、どちらを後継者にするか明言していなかったため、政元の長期の不在は内戦を誘発しかねず、**当然ながら白河への巡礼は実現せずに終わった。**

細川家の系図

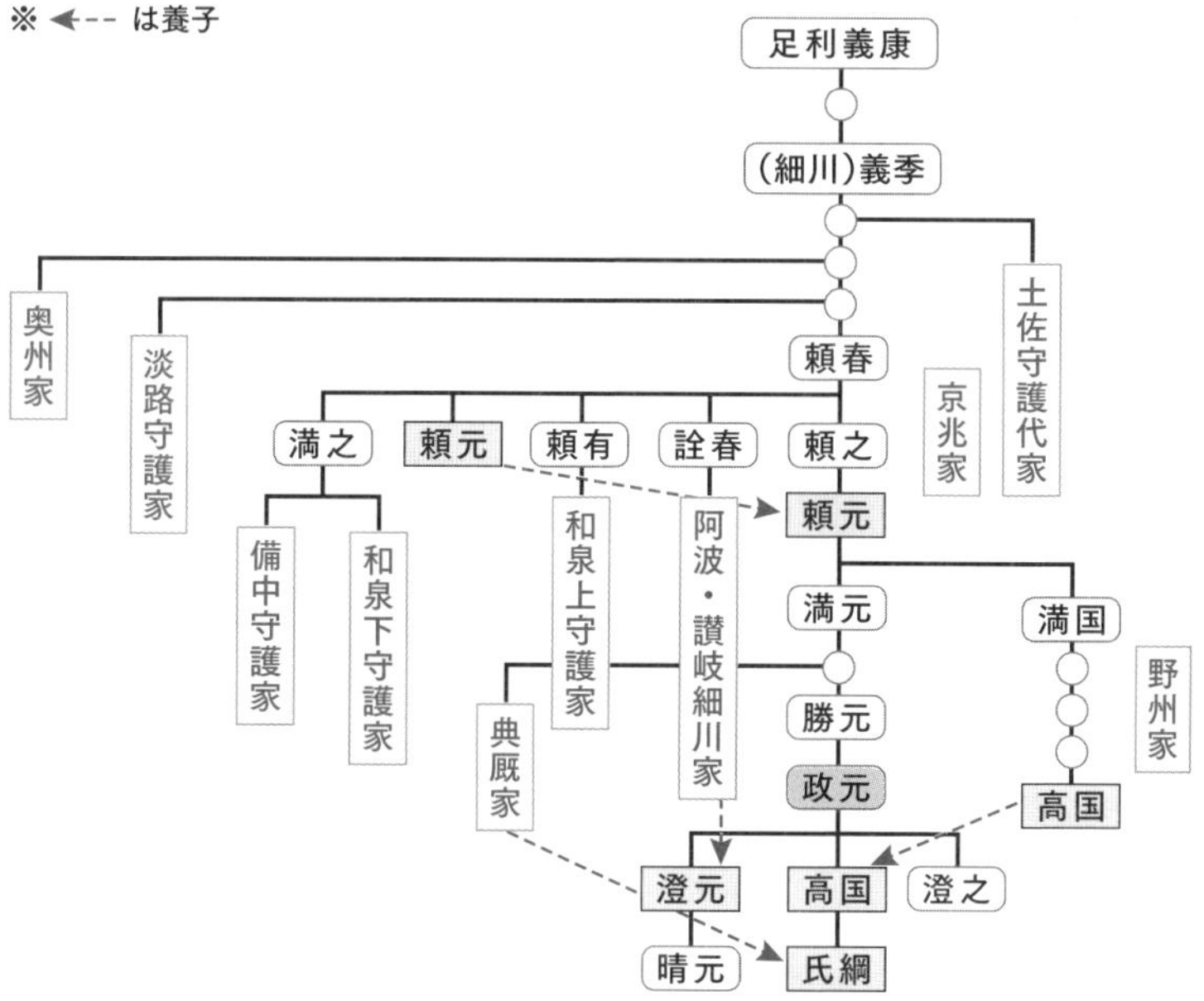

清和源氏の流れを汲む細川家は、鎌倉から現代まで続く名門。嫡流の京兆家のほかに多くの傍流があった。三淵晴員の子が、細川晴広の養子となり、藤孝と名乗り、出家し幽斎となる（P82）。熊本県知事・内閣総理大臣を務めた細川護熙氏は幽斎の子孫。

細川政元《ほそかわまさもと》（1466年～1507年）

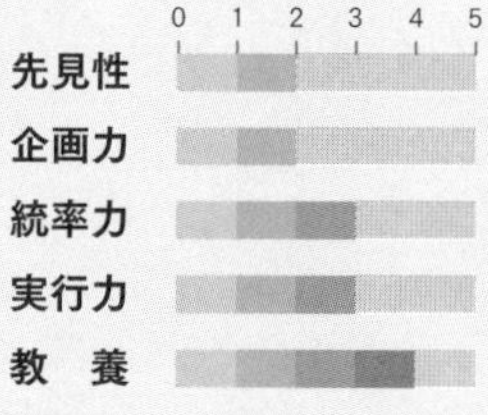

室町幕府管領・細川勝元の子。文明5（1473）年、勝元の急死により、嫡子として細川京兆家を継承。明応2（93）年、畠山政長を殺して第10代将軍・足利義植を廃し、新将軍に義澄を擁立。幕府の実権を掌握した。修験道に凝ったため実子がなく、公家の九条家と細川一族から養子をとった。それで起こった後継者争いに巻き込まれ、謀殺された。

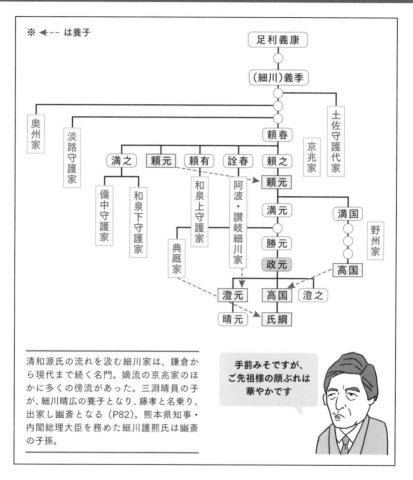

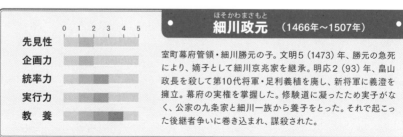

朝倉孝景

なぜ東軍に寝返ったのか？

守護と守護代を破り、家老から戦国大名へ

戦乱長期化の最大の要因は戦力の拮抗にある。東軍としては、瀬戸内海の制海権を巡り、細川勝元と競合関係にある大内政弘《まさひろ》は無理でも、**朝倉孝景《あさくらたかかげ》なら寝返る可能性がある**と睨《にら》んでいた。孝景は越前《えちぜん》守護斯波義廉《よしかど》の家臣で、在京斯波軍の実質上の総司令官でもあった。

朝倉氏の先祖はもともと日下部《くさかべ》氏を称し、平安時代末期に但馬国《たじまのくに》朝倉に居住したことから、新たに朝倉を姓とした。南北朝時代、斯波広景《ひろかげ》が足利尊氏配下の斯波高経《たかつね》に臣従して越前に出征。目代《もくだい》として坂井郡黒丸《くろまる》城に配置されたのをきっかけに、同郡、次いで足羽《あすわ》郡を拠点に着々と力をつけていった。

室町時代の守護大名は在京が基本であったことから、応仁・文明の乱発生時に朝倉氏当主であった孝景も、家督相続後の大半を斯波義廉の補佐役兼護衛として京都で過ごしていた。

ときに斯波氏は越前・遠江《とおとうみ》・尾張《おわり》3カ国の守護を兼ねていたが、享徳元（１４５２）年に嫡系《ちゃくけい》の斯波義健《よしたけ》が嗣子《しし》のないまま没してからは内紛が絶えず、応仁・文明の乱が始まってからも、越前一国に限れば、東軍方の斯波義敏《よしとし》が優勢であったから、朝倉孝景が東軍からの誘いを無視するはずはなかった。

だが、**孝景は守護代を跳び越え、一気に守護職になりたいという条件をつけた。東軍が「後日必ず」と答えたことで、孝景は誘いを受け入れた。**

かくして、孝景が寝返ったことで東軍の優勢は明らかとなり、西軍内部でも和議の機運が高まるのだった。

家格制度を打破！『朝倉孝景条々』

戦国時代、人材登用の新しい秩序が生まれた。その代表的なものが、朝倉孝景が制定した『朝倉孝景条々』。その内容は実力主義で合理的。下剋上の考え方とも密接につながっていた。

一. 能力がないのに代々同じ役職につきたいというのはダメ

一. 平和なときでも周辺国の動きを知るべし

一. 1本の名刀より、同じ金額で100本の鑓《やり》を買ったほうがいい

一. 能力があって正直な者に年に3度は領地を見回らせて民百姓の声を聞くべし

一. 城に出仕するときは、貧乏な侍が出仕しやすいように、みな木綿の着物にすること

一. よく奉公した者とろくな奉公もしていない者が同じ処遇では士気が下がる

一. 合戦の際、吉凶占いに頼って好機を逸するのは悔しいから占いに頼らないこと

などなど

※『朝倉孝景条々』から一部抜粋し、編集部にて現代文に訳した

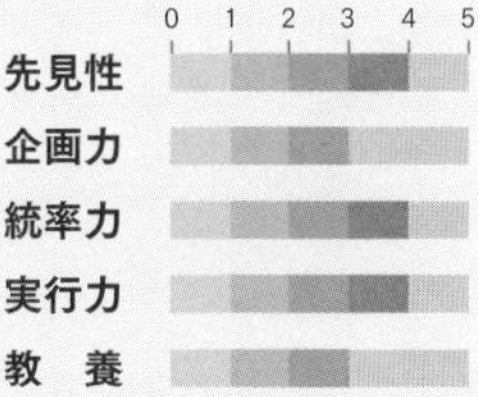

朝倉孝景《あさくらたかかげ》（1428年～1481年）

越前守護・斯波氏の家臣・朝倉家景の子。長禄2（1458）年、主家の内紛に乗じて守護代・甲斐氏を討ち、一乗谷に築城。朝倉氏の本拠とする。応仁・文明の乱では、はじめ斯波氏の将として西軍に属したが、のちに東軍に寝返る。文明11（79）年、斯波・甲斐連合軍の侵攻を受け、2年近く戦う。その最中に病没。

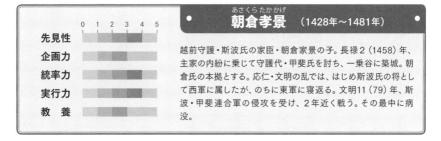

大内義興

なぜ異国の町で細川氏と事を構えたのか？

日明貿易による莫大な利権を争って

応仁・文明の乱の序盤は東軍が優位に進めていたが、西国からの援軍の到来にともない西軍が盛り返し、ほぼ互角の形勢となった。この援軍のなかでも周防《すおう》の大内政弘《おおうちまさひろ》の存在は大きく抜きん出ていた。『経覚私要鈔《きょうがくしようしょう》』という興福寺僧の日記によれば、政弘が率いてきたのは周防・長門《ながと》・豊前《ぶぜん》・伊予《いよ》など8カ国の武士数万人。政弘の後を継いだ長男・義興《よしおき》はその勢力範囲をほぼ受け継ぎ、明応2（1493）年には京都から締め出された10代将軍足利義材（義稙）を山口に迎え、細川政元死後の永正5（1508）年には上洛を決行。義稙を将軍に復帰させるとともに、それから10年間京都にあって、細川家分流の細川高国《たかくに》とともに幕府権力を支え続けた。

同じ細川家でも京兆家とは終始、敵対もしくは競合関係にあり、大永3（1523）年には明国の港町・寧波《ニンポー》で戦火を交えたことさえあった。

なぜ寧波かといえば、それには当時の日明貿易が関係する。威信財としての唐物（中国産品）需要が高く、自由貿易が認められない状況下では、**日明貿易は確実に儲かる商売**で、その取引の場として利用されたのが寧波だったのである。

堺商人と結んだ細川氏の財政基盤に、博多商人と結んだ大内氏が割って入ったのだから何も起こらないはずはない。事件の発端は後着の細川船が賄賂《わいろ》を用いることで、先着の大内船より早く手続きを終えたことにあった。

大内義興自身がその場にいたわけではないが、義興の意を呈《てい》しての行動と見てよいだろう。

大友義興の勢力図と家臣団

日明貿易、日朝貿易をほぼ独占し莫大な収入があった大内義興は周防・長門・石見・安芸・筑前・豊前・山城の7カ国の守護でもあった。広大な領国を効率よく治めるため、守護代をうまく使った点でも注目された。

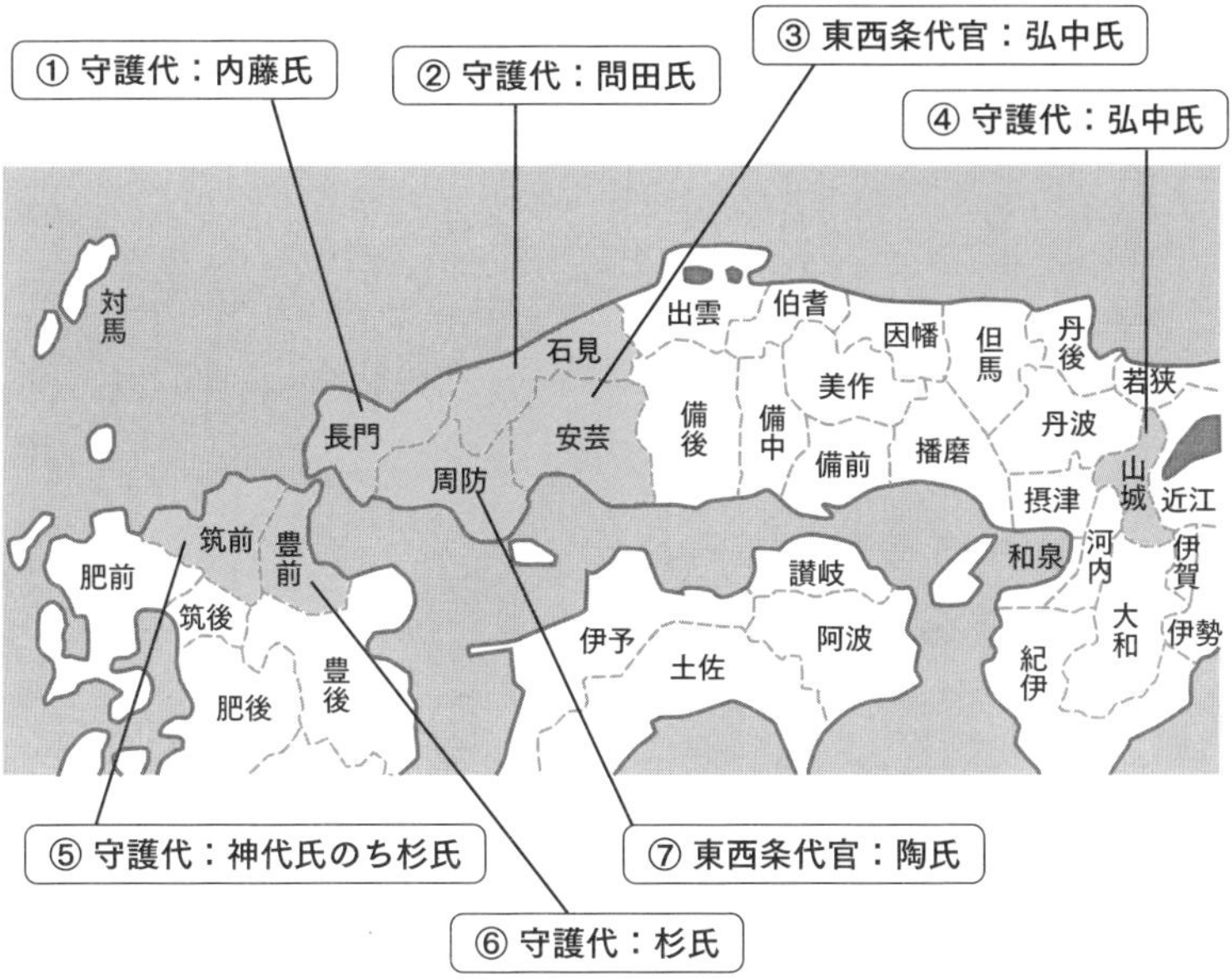

それぞれの守護代の下に国人領主が属する仕組み。全盛期には侍大将と先手衆クラスの武将が142名もいたとされる。戦国時代トップクラスの軍事力を支えたのは貿易で得た経済力だった。

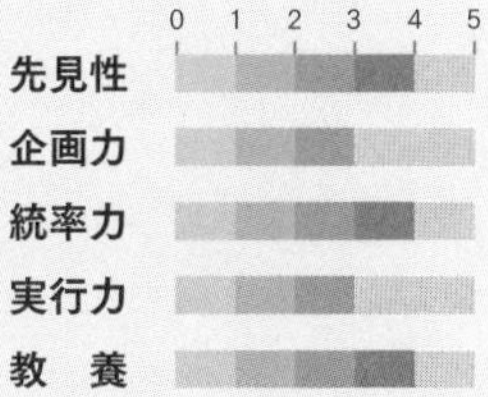

大内義興《おおうちよしおき》　（1477年～1528年）

守護大名・大内政弘の嫡子。明応3（1494）年、家督を継いで周防、長門、豊前など6カ国を領する。永正5（1508）年、足利義稙を擁して上洛し、義稙を将軍に復させる。管領代となり、細川氏に代わって幕政を司る。しかし、領国を尼子氏に攻められたため、周防に帰国。大永7（27）年、大友氏の助けを得て、尼子軍と備後で戦う。その陣中で病にかかり、山口に帰るが死去。

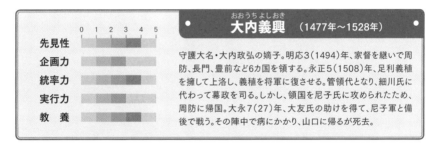

六角定頼

先見性が高い武将といわれる理由は？

新説

織田信長より28年も前に楽市を実施

六角《ろっかく》氏は近江源氏の血を引く由緒ある名門の出身。源頼朝《みなもとのよりとも》の挙兵に参加した佐々木四兄弟の一人、定綱《さだつな》の後裔《こうえい》である。定綱の子信綱《のぶつな》には男子が４人いて、長男・重綱《しげつな》の家系は大原氏、二男・高信《たかのぶ》は高島氏、三男・泰綱《やすつな》は六角氏、四男・氏綱《うじつな》のそれは京極氏となった。足利尊氏を補佐したことで知られる佐々木道誉《どうよ》は京極氏の一族である。

応仁・文明の乱が始まる頃には、京極氏は北近江で、六角氏は南近江という住み分けができていたが、両者とも国人《こくじん》領主たちを完全掌握するまでには至っていなかった。

その後、**京極氏の権力が形骸化したのに対し、六角氏は定頼の代に南近江全域の平定に成功。地政学上の立場から京都の政局にも深く関わり、将軍や細川京兆家に強い影響力を有するまでになった。**

定頼には、畿内《きない》の諸勢力のなかで頭一つ抜きん出る実力を有しながら、**あえて天下人になろうとしなかった感がある。**

定頼が既存の武士の枠に留まらない存在であったことは、織田信長が安土で発布したより28年も前に、みずからの城下町に楽市令を発していた事実からうかがうことができる。

天文18（１５４９）年12月11日づけのその文書には、「紙商売の事。石寺新市《いしでらしんいち》の儀が、為楽市条、是非に及ぶべからず」とあり、「為楽市条」を「楽市なのだから」と読むか、「楽市としたのだから」と読むかで若干意味に違いが出るが、定頼の先見性を示す証拠であることに変わりはない。

先進的だった六角定頼の政治手腕

新説 楽市

定頼は、領国内の石寺新市では枝村の紙商人に特権を与える一方で、城下町での市では特定商人による独占を禁止し、誰もが自由に商売ができるように「楽市令」を出した。これは天正5(1577)年6月、織田信長が近江安土城下で発布した「楽市・楽座」の法令より28年も前のことであった。

城割（一国一城令）

観音寺城を本城としていた定頼は、観音寺城を守るために、城の周りに家臣団を住まわせた。これを城割という。家臣団の城の数は安土城を入れて22カ所あった。城割は江戸幕府が出した大名統制の法令である一国一城令（軍事力を抑圧するため家臣は居城以外の城を持ってはいけない）の基になったといわれている。

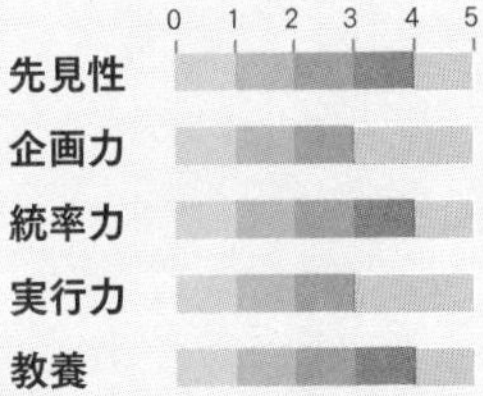

六角《ろっかく》定頼《さだより》（1495年～1552年）

近江守護・六角高頼の二男。永正元（1504）年、禅僧となったが、同15（18）年、兄が死んだため、還俗して家督を継ぐ。はじめ、将軍足利義植を補佐していたが、大永元（21）年からは、足利義澄の子・義晴を助けて再三上洛し政敵と戦った。義晴将軍の下では、管領代となり、義晴の子・義輝の元服親を務めた。一方、北近江の浅井氏を攻め、支配下に置いた。58歳で死去。

太田道灌

なぜ主君によって殺されたのか？

器量の小さい主君に優秀さを危険視された

室町幕府は関東統治の出先として、足利一門から鎌倉公方《くぼう》を選び、その補佐役である関東管領には重臣の上杉氏をあてがった。

関東では畿内より一足早く秩序が乱れ始め、15世紀後半には鎌倉公方に代わって古河《こが》公方と堀越《ほりごえ》公方が並び立ち、上杉氏も扇谷《おうぎがやつ》上杉氏と山内《やまのうち》上杉氏の二大勢力が家督と関東管領の職を巡って競合関係にあった。しかし、**一人の賢者がいたことで、危ういながらも微妙な均衡が保たれていた。その賢者の名は太田資長《おおたすけなが》。出家後は道灌《どうかん》と号した。**

太田道灌は扇谷上杉氏の家宰《かさい》（家老）。文武両道の人で、内政・外交ともに巧みなら、土木の才をも有していた。当時はまだ湿地帯であった江戸に価値を見出し、最初に城郭を築いたのも道灌だった。

その名声は隣国にも轟《とどろ》いていた。駿河の今川家で内紛が生じたときも調停に出向き、それが片付くのと前後して、山内上杉氏家臣の長尾景春《ながおかげはる》が謀反《むほん》を起こしたと聞いて、急ぎ東へとって返すなど、関東から東海の平穏を一人で背負うかの感さえあった。

主君筋から感謝されることはあっても、恨まれる筋合いはないはずの道灌だが、**器量のない人物は往々にして嫉妬心が強く、扇谷上杉氏の家督を継いだ定正《さだまさ》はその典型だった。**

そして、**定正による道灌の謀殺《ぼうさつ》。この一事によって定正と山内上杉氏の当主・顕定《あきさだ》の関係が急速に悪化。全面戦争となる**なか、顕定が伊勢盛時《もりとき》（北条《ほうじょう》早雲《そううん》）に助力を求めたことから、関東の動乱は新たな段階に移行した。

太田道灌を中心とした相関図

主家のために八面六臂の活躍をした道灌だったが、その優秀さゆえに警戒され、最後は謀殺されてしまう。しかし、それが主家の滅亡へとつながっていったのである。

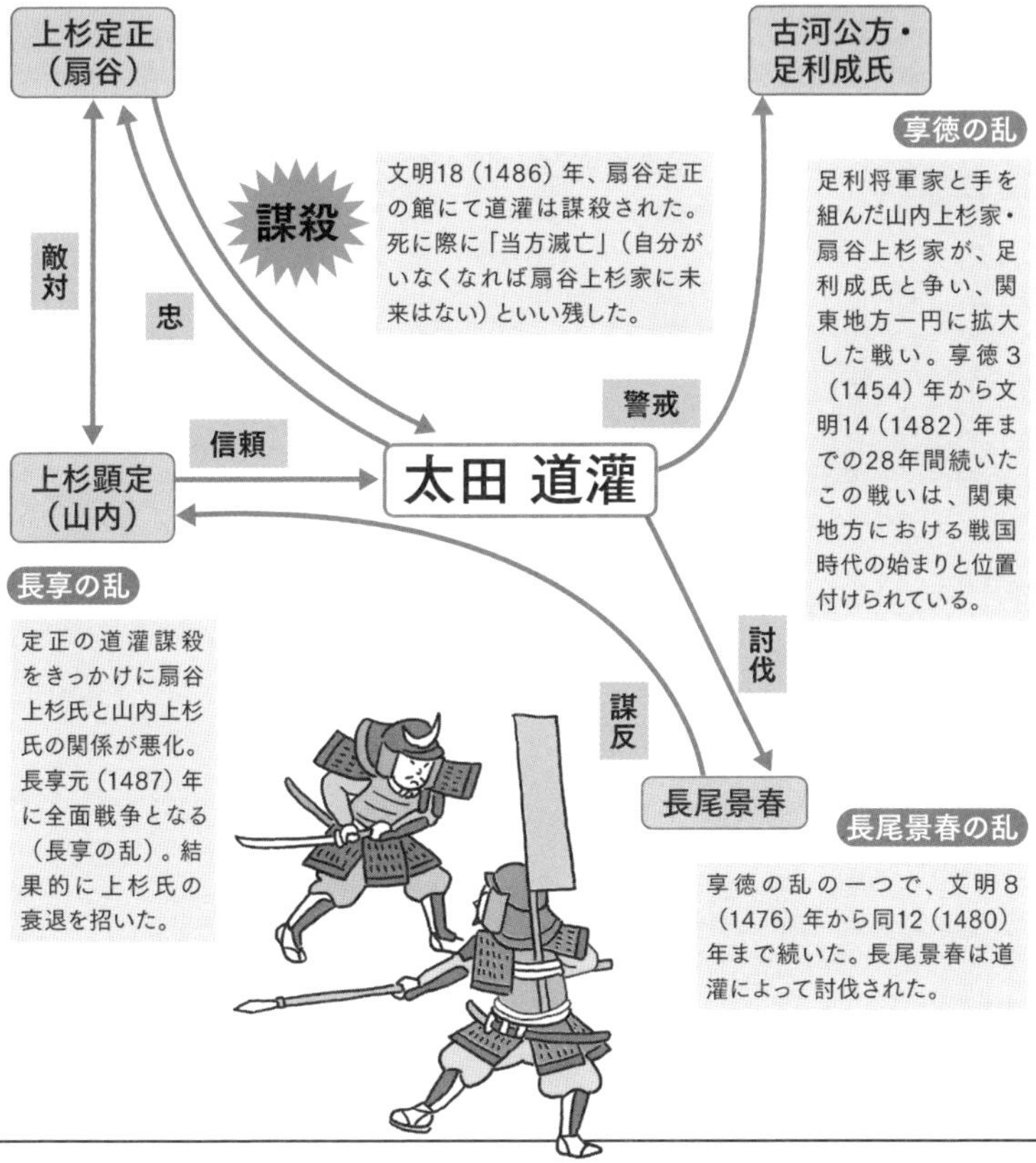

上杉定正（扇谷）
古河公方・足利成氏

長尾景春の乱
享徳の乱の一つで、文明8（1476）年から同12（1480）年まで続いた。長尾景春は道灌によって討伐された。

太田道灌《おおたどうかん》　（1432年～1486年）

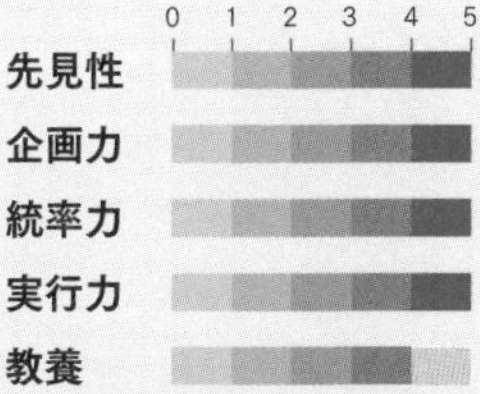

0 1 2 3 4 5
先見性
企画力
統率力
実行力
教養

相模守護代・扇谷上杉氏に仕えた太田資清（すけきよ）の子。康正元（1455）年に家督を継いで上杉定正の家宰となると、江戸城を築いて居城とした。文明8（76）年、山内上杉憲定の家臣・長尾景春が乱を起すと、定正、憲定を助けてこれを鎮圧。しかし、扇谷上杉氏の勢力伸長を恐れた山内上杉顕定（あきさだ）方の讒言により、謀殺された。

文明18（1486）年、扇谷定正の館にて道灌は謀殺された。死に際に「当方滅亡」（自分がいなくなれば扇谷上杉家に未来はない）といい残した。
敵対
忠

信頼
上杉顕定（山内）

享徳の乱
足利将軍家と手を組んだ山内上杉家・扇谷上杉家が、足利成氏と争い、関東地方一円に拡大した戦い。享徳3（1454）年から文明14（1482）年までの28年間続いたこの戦いは、関東地方における戦国時代の始まりと位置付けられている。
長享の乱
定正の道灌謀殺をきっかけに扇谷上杉氏と山内上杉氏の関係が悪化。長享元（1487）年に全面戦争となる（長享の乱）。結果的に上杉氏の衰退を招いた。
討伐
謀反

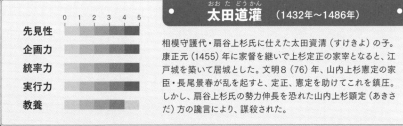

北条早雲（伊勢宗瑞）

素性のわからない浪人だったって本当？

新説

両親ともに名門家系の出の御曹司だった

北条早雲《ほうじょうそううん》は実のところ生前、1度として北条とは名乗っていない。彼の姓は伊勢、名は盛時《もりとき》、俗称は新九郎《しんくろう》で、出家後は早雲庵宗瑞《そうずい》と称していた。

早雲は素性のわからない浪人からの下剋上の代表とされがちだが、実のところ、**父の伊勢盛定《もりさだ》は幕府奉公衆を輩出した伊勢一族の一員で当人も幕臣、母も政所執事伊勢貞国《さだくに》の娘という、両親ともに名門家系の出身だった。**

備中《びっちゅう》に生まれ、京都の大徳寺で修行。9代将軍足利義尚の申次衆《もうしつぎしゅう》から奉公衆となり、義尚の伊勢下向《げこう》にも同行した。

しかし、姉の北川殿が駿河へ下向したあと、あっさりと幕臣の肩書きを捨て、本人も駿河へ下った。彼女は駿河守護の今川義忠《よしただ》の正室として一男・龍王《たつおう》丸《まる》（のちの氏親《うじちか》）をもうけており、下向は龍王丸の駿河守護職と今川家の家督の正式な継承を目的とした行動だった。

ところが家督代行の小鹿範満《おしかのりみつ》が権限の移譲を渋ったため、政変に訴える必要が生じた。そのときの見事な采配により、早雲は乗り込んだばかりの異郷の地にあって人望を集めることができた。

早雲は若き守護の補佐役で終わる気はなく、兵を借りては堀越公方足利茶々丸《ちゃちゃまる》との戦いを繰り返し、ついには茶々丸を滅ぼして、伊豆《いず》一国を平定。今川氏から独立してからも勝利を重ね、三浦氏を滅ぼして相模《さがみ》一国も手中にし、さらに武蔵《むさし》・房総《ぼうそう》へと侵攻を重ねるなかで生涯を閉じた。**北条姓を称したのは子の氏綱からだった。**

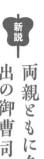

北条早雲の軌跡

北条氏家系図

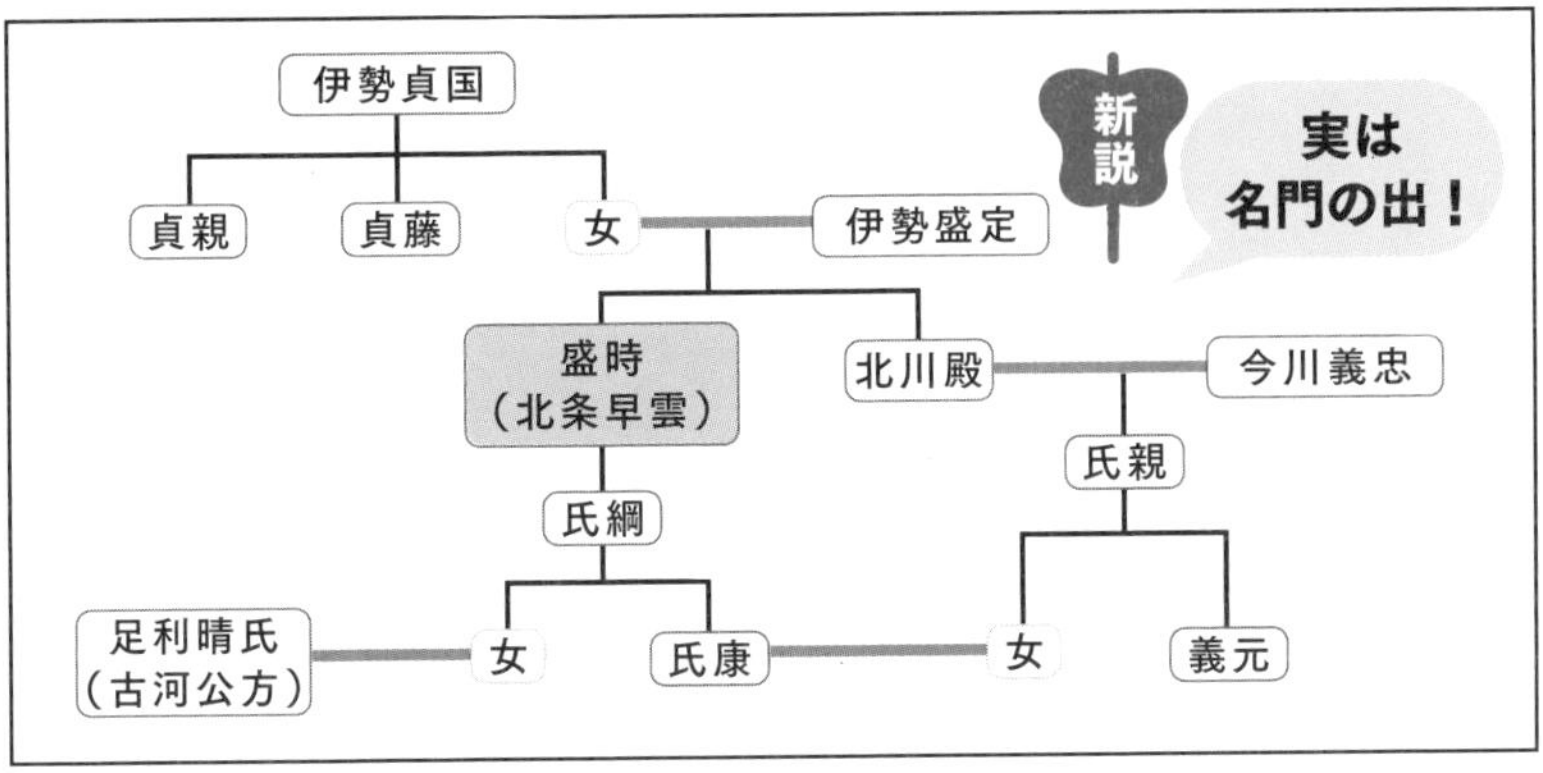

北条早雲寺殿廿一箇条《そううんじどのにじゅういちかじょう》

- 第一条・仏神を信じなさい
- 第二条・朝は早起きしなさい
- 第三条・夜は早く寝なさい
- 第五条・常に素直で正直な心を持ちなさい
- 第六条・分をわきまえて質素でありなさい
- 第十条・主君の前で談笑などをしないこと
- 第十二条・読書をすること
- 第十四条・嘘をつかないこと
- 第十七条・友人を選びなさい
- 第十八条・外壁や垣根を修理すること

など

※小田原市HPより一部転載

早雲が伝えたとされる21カ条の家訓。日常生活における注意点や心得が事細かく書かれている。

北条早雲《ほうじょうそううん》（伊勢宗瑞《いせそうずい》）（1456年～1519年）

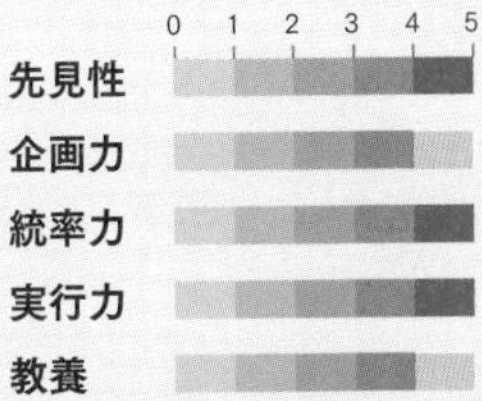

室町幕府の幕臣・伊勢盛定の子。姉が今川義忠に嫁いだ縁を頼り、京から駿河に下り、今川家の家臣となる。延徳3（1491）年、幕府の東国支配機関である堀越公方を攻め滅ぼして伊豆を制圧すると、韮山城を築いて独立。さらに、扇谷上杉氏の小田原城、相模守護・三浦氏の岡崎城や新井城などを攻略し、相模を征服。永正15（1518）年に家督を子・氏綱に譲り、翌年死去。

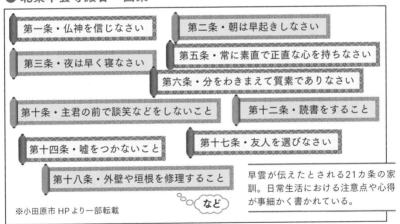

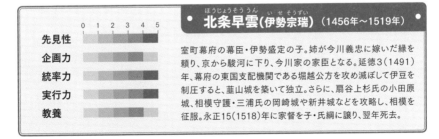

毛利元就

「三本の矢の教訓」は実話？

新説 長男に先立たれたので、後世の創作

安芸《あき》の毛利氏は鎌倉幕府の創建に立ち会った大江《おおえの》広元《ひろもと》の後裔《こうえい》で、広元の曾孫時親《ときちか》が郡山に土着化した。

毛利氏は数いる国人領主の一人であったが、元就《もとなり》の代には西の大内氏と東の尼子《あまご》氏の間を上手く立ち回り、大躍進を遂げる。陶隆房《すえたかふさ》（晴賢《はるかた》）による大内義隆《よしたか》打倒の政変時には隆房に呼応し、以降は陶氏と尼子氏を天秤に掛けた。弘治元（1555）年の厳島《いつくしま》の戦いで陶晴賢を滅ぼしたのに続いて、永禄9（1566）年には尼子義久《よしひさ》を降伏させ、中国地方西半分における覇権を確立させた。

元就には頼れる男子が3人いた。長男・隆元《たかもと》には毛利家の家督、二男・元春《もとはる》には安芸国大朝庄《おおあさ》を本拠地とする吉川家、三男・隆景《たかかげ》には同じく竹原庄を本拠地とする小早川家を継がせ、兄弟間で争うことなどないよう、1度ならず訓戒を与えた。

元就は自身が家督相続をする際、流血をともなうお家騒動を経験しており、それがある種のトラウマとなったことが考えられよう。

元就が臨終の床に右の3人を呼び招き、「三本の矢の教訓」を垂れたという逸話は後世の創作だが、それに類した話は日頃から何度も口にしていたらしい。**「三本の矢の教訓」は北アジアの騎馬民族の間に古くから伝わるものなので、元就は漢籍《かんせき》を通じてそれを知り、座右の銘としたのかもしれない。**

また長男の隆元は元就より早く没しているので、元就の臨終に立ち会えようがなく、「三本の矢の教訓」は隆元の嫡男・輝元と叔父である元春と隆景が支える形で実現されることとなった。

毛利元就の戦略

元就は「どんぐりの背くらべ」状態だった30人ほどの国人領主の一人にすぎなかった。しかし、三男・隆景を小早川氏へ、二男・元春を吉川氏へ養子に出し、娘を宍戸氏に嫁がせることで他家を吸収合併し、勢力を拡大し、他の国人領主たちに差をつけていった。

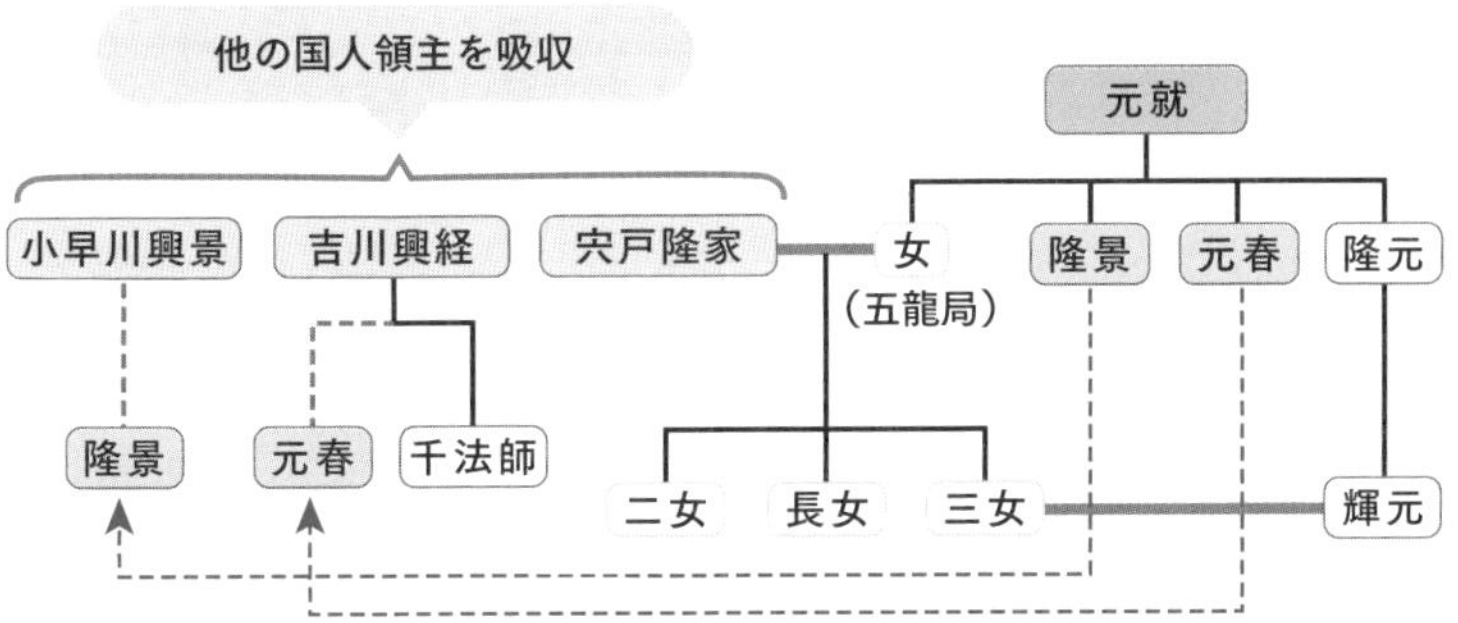

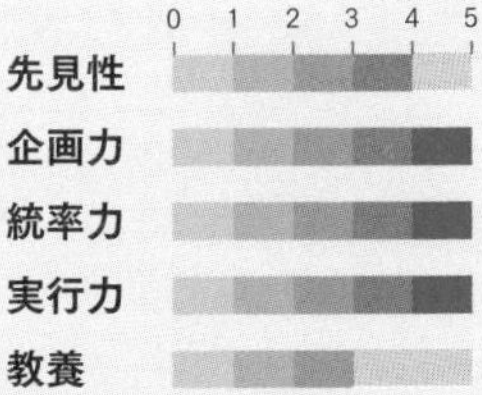

毛利《もうり》元就《もとなり》（1497年〜1571年）

安芸の国人領主・毛利弘元の子。大永3（1523）年に家督を継ぎ、郡山城に拠った。はじめ尼子氏に仕えたが、大内氏に転じて尼子氏に対抗。陶晴賢が大内氏の実権を握ると、弘治元（55）年に晴賢を討ち、長門、周防を勢力下に収めた。さらに大内氏、尼子氏を滅ぼし、領国を中国地方全域に拡大した。以後は、豊後大友氏の攻略を目指すが、75歳で病死。

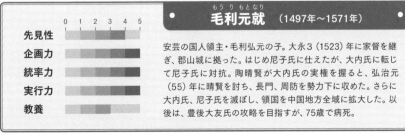

尼子晴久

なぜ親族の新宮党を粛清したのか？

傍若無人な振る舞いが高じたため

出雲《いずも》の尼子《あまご》氏は近江源氏の末裔《まつえい》。尼子経久《つねひさ》の代には大内氏と張り合いながら、山陰山陽11カ国を制圧した時期もある。

経久の長男・政久《まさひさ》は早くに戦死したため、経久の隠退後は孫の詮久《あきひさ》が継いだ。12代将軍足利義晴から一字をもらい、晴久《はるひさ》と改名。幕府の御相伴衆《ごしょうばんしゅう》になるなど、幕府の権威を利用しながら版図の再拡大に励み、最盛期には8カ国の守護を自認していた。

家督を継承して間もない天文9（1540）年には毛利氏の本拠地である吉田《よしだ》郡山《こおりやま》城への遠征を試みるが、天然の要害《ようがい》を最大限活用した堅い守りを攻めあぐねていたところ、毛利氏救援にやって来た陶晴賢率いる大内軍に背後から攻められ、大敗北を喫した。

これを受けて、尼子氏勢力圏全体に動揺が走り、離反する国人領主が続出すると、大内義興は攻勢に転ずる絶好の機会と捕らえ、大軍を動員して尼子氏の本拠地である月山富田《がっさんとだ》城に攻め寄せた。

受けて立つ晴久。大半の城は落とされたが、堅固なことでは吉田郡山城に引けを取らない月山富田城は、2カ月半に及ぶ籠城《ろうじょう》戦を耐え抜いた。戦いの長期化に伴い、離反した国人領主の大半が尼子氏に回帰すると、義興も執着を捨て、退路を断たれる前に全軍を撤退させた。

かくして最初の危機を乗り切った晴久だが、その後の同23（1554）年に**親族の新宮党を粛清した（左ページ参照）ことは、権力集中のためとはいえ、尼子氏全体の力を大きく削ぐ結果となった。**

尼子晴久と新宮党の確執

新宮党とは

もともとは尼子一門の親衛隊的な役割をもつ精鋭集団で、その勇猛さで尼子氏の勢力拡大に貢献した。尼子経久の次男・国久が継承した。しかし自らの力を驕った国久と息子の誠久は家中で傲慢なふるまいをするようになり、晴久とその家臣たちとの間に軋轢が生じた。そして天文23（1554）年、晴久は国久親子を粛清し、新宮党は壊滅した。しかし、新宮党の壊滅は尼子氏の戦力激減につながった。

晴久と新宮党の関係

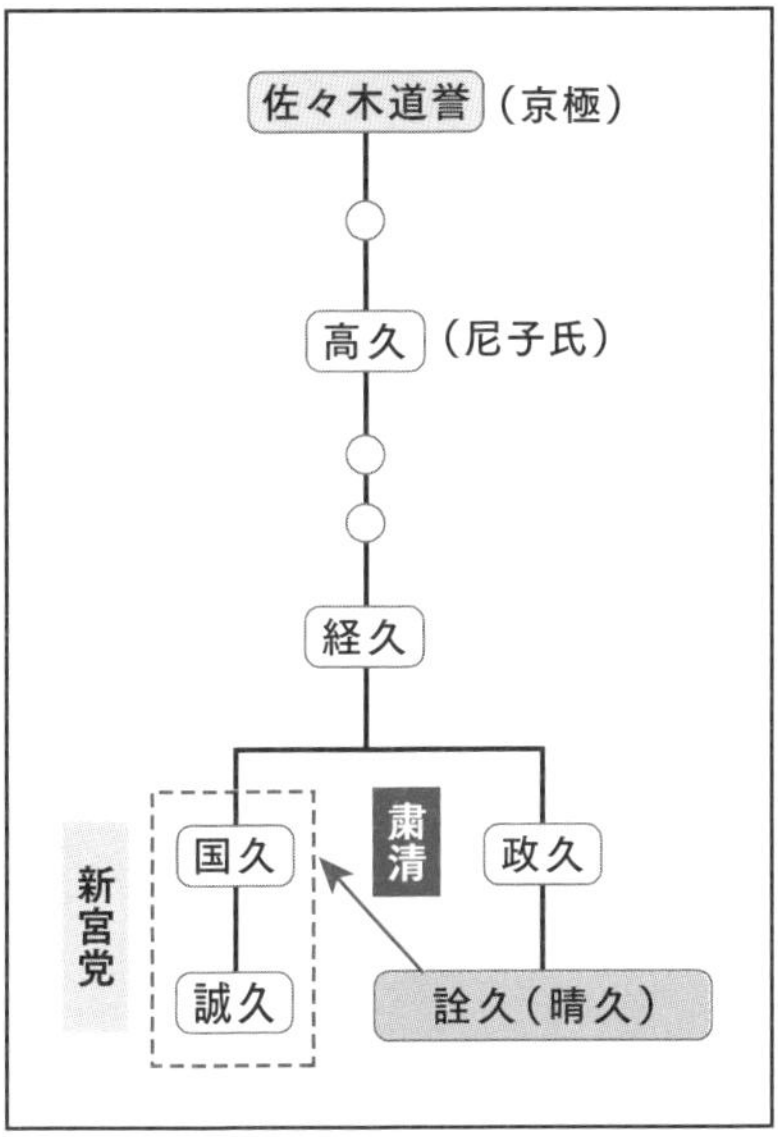

尼子《あまご》晴久《はるひさ》（1514年～1560年）

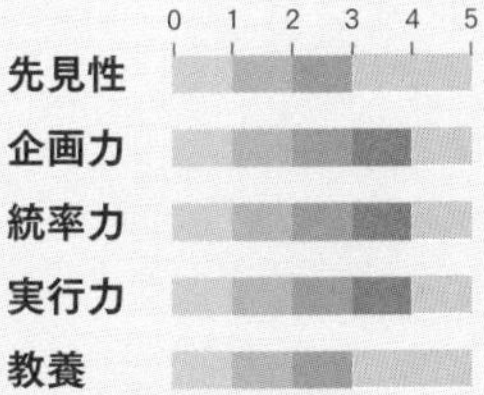

出雲守護代・尼子経久の嫡孫。父が早世したため、天文6（1537）年、祖父・経久から家督を継承。翌年、大内義隆が出雲に攻めてきたが撃退。義隆の死後の同21（52）年、山陰・山陽8カ国の守護となる。しかし、領国をめぐって毛利元就と攻防を繰り返し、さらに一族同士でも争い、自ら衰勢を招いた。石見に侵入した毛利軍と対戦中、月山富田城で急死。

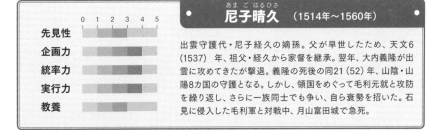

三好長慶

織田信長に先立つ天下人って本当？

新説

畿内から四国8カ国を治め、居城を石垣で囲った

三好長慶《みよしながよし》は阿波《あわ》細川家の家臣なので、将軍からすれば陪臣《ばいしん》に当たった。しかし、傍流の三好政長《まさなが》との家督争いや細川家の内紛に関与するうち、いつしかその権勢は主家や将軍をも上まわっていた。

長慶と阿波細川家の晴元、典厩家《てんきゅうけ》の細川氏綱、野州《やしゅう》家の高国《たかくに》、12代将軍足利義晴《よしはる》、13代将軍義輝《よしてる》などの関係は協力と敵対の間を目まぐるしく推移したが、そのなかにあって長慶は一度として窮地に陥ることはなかった。

最大版図は山城《やましろ》・摂津《せっつ》・河内《かわち》・和泉《いずみ》・大和《やまと》・丹《たん》波《ば》・淡路《あわじ》・讃岐《さぬき》・阿波と播磨の一部、すなわち畿内《きない》から瀬戸内海沿岸の東半分に及んだ。しかし、管領になれるのは細川・斯波《しば》・畠山の三氏に限られていたため、その代わりとして、将軍の御供《おとも》衆、御相伴衆となることで、自己の権威付けを図った。

その版図の広大さからすれば、天下人と呼ぶにやぶさかでないが、長慶はそれまでの実力者とは違い京都に居座ろうとはせず、摂津芥川山《あくたがわやま》城には嫡男の義興《よしおき》を入れ、自身は河内飯盛山《いいもりやま》城に移った。さらに河内高屋《たかや》城に次弟の実休《じっきゅう》（之虎《ゆきとら》）、同じく岸和田《きしわだ》城に四弟の十河一存《そごうかずまさ》を入れるなど、四国との連絡に重きを置いていた。

長慶は飯盛山城に移るにあたりかなり手を加えている。**従来、城全体に石垣を施したのは織田信長《おだのぶなが》の小牧山《こまきやま》城が最初と言われてきたが、近年、飯盛山城からそれより早い時期に建造された50カ所もの石垣跡が発見されており、長慶を信長に先立つ天下人として再評価する気運が高まっている。**

三好長慶の勢力図

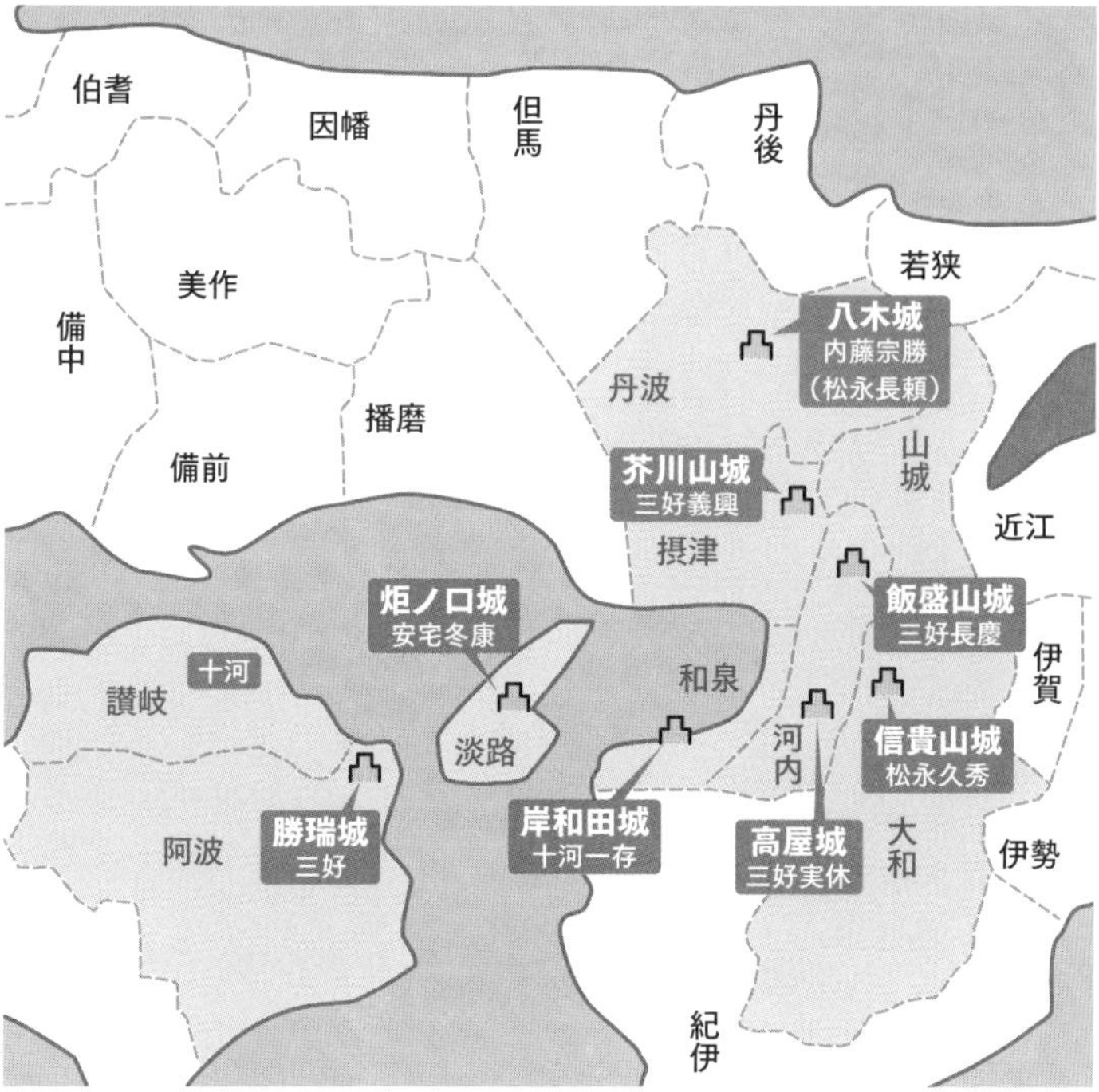

永禄3（1560）年ごろの三好長慶の最大版図。畿内から瀬戸内海沿岸の東半分を治め、長慶が天下人と呼ばれる所以でもある。しかし、同4（1561）年に実弟の十河一存が、同6（1563）年に長男の義興が、続けて主君の細川氏綱が亡くなったことで、長慶の力は急速に衰えた。

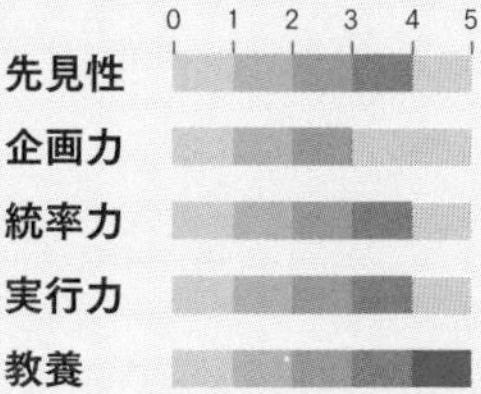

三好《みよし》長慶《ながよし》（1522年～1564年）

室町幕府管領・細川晴元の重臣・三好元長の子。天文2(1533)年に晴元の執事となり、和泉、河内、摂津を領す。やがて晴元から離反し、同18(49)年、江口の戦いで晴元軍に大勝し、入京。同22(53)年には、第13代将軍足利義輝と晴元の連合軍を破り、将軍を追放。独裁政権を確立。永禄6(63)年、長男の死で気力を失い、晩年は家臣の松永久秀に実権を奪われた。

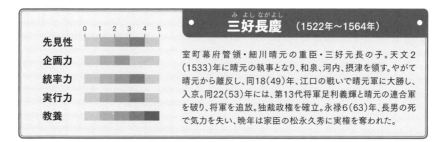

コラム 1

戦国大名の出自と下剋上

応仁・文明の乱以降、世は戦国時代へと突入します。争乱は日本各地に飛び火し、人心は荒れ、室町幕府に対する領民たちの信頼も薄らいでいきました。

そんな時代に登場したのが「戦国大名」。戦国大名は、守護大名からそのままスライドした人と、もっと低い地位から戦で勝ち上がってその座を獲得した人とに分かれます。

後者には「下《げ》剋上《こくじょう》」によって戦国大名になった人もいます。下剋上とは、低い地位の者が上の者を力で倒して、主の座を奪うことをいいます。

戦国時代は、下級の身分の者であっても、能力さえあれば出世できるチャンスに満ちた時代でもあったのです。

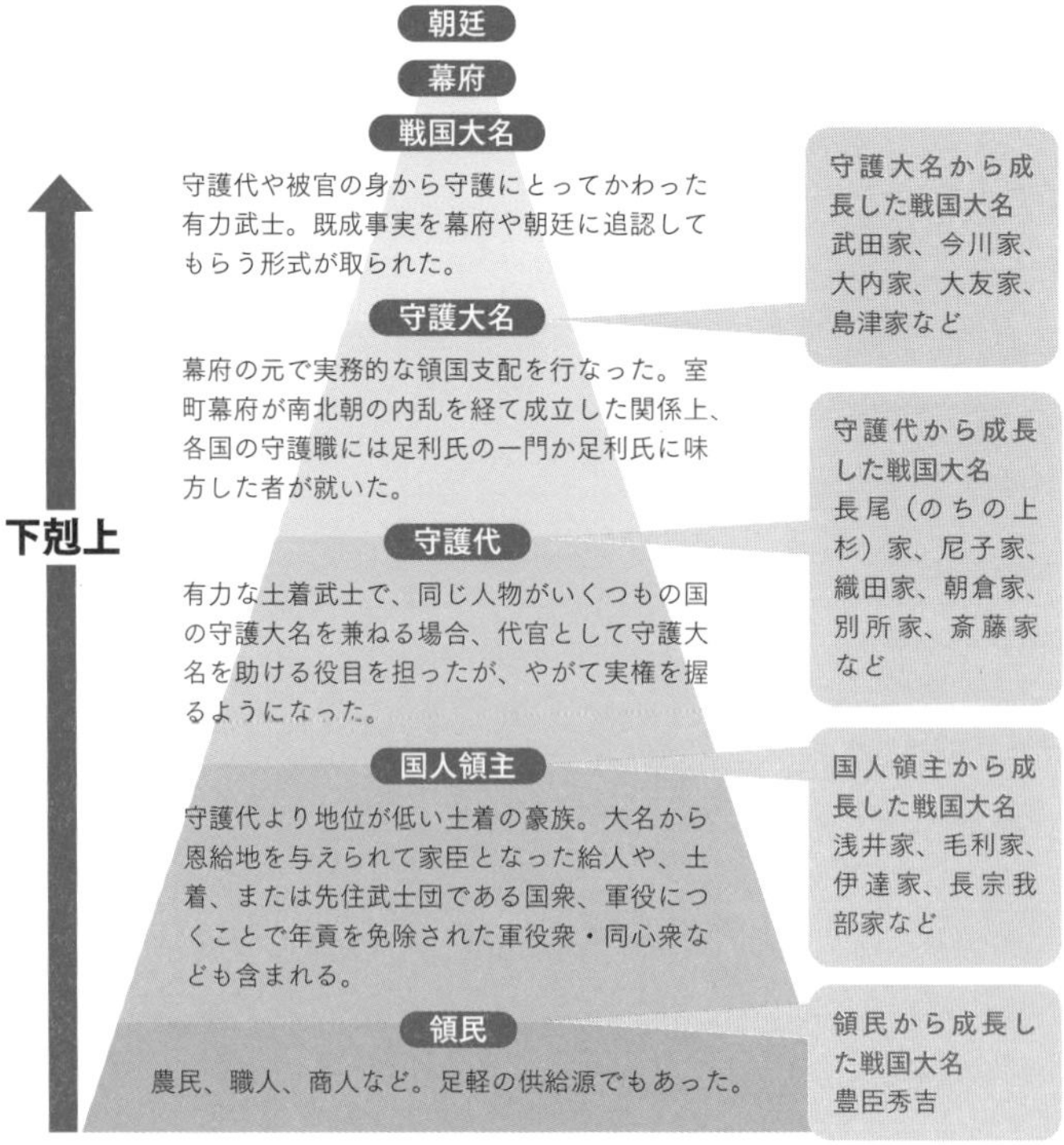
朝廷
幕府
戦国大名
守護代や被官の身から守護にとってかわった有力武士。既成事実を幕府や朝廷に追認してもらう形式が取られた。
守護大名
幕府の元で実務的な領国支配を行なった。室町幕府が南北朝の内乱を経て成立した関係上、各国の守護職には足利氏の一門か足利氏に味方した者が就いた。
守護代
有力な土着武士で、同じ人物がいくつもの国の守護大名を兼ねる場合、代官として守護大名を助ける役目を担ったが、やがて実権を握るようになった。
国人領主
守護代より地位が低い土着の豪族。大名から恩給地を与えられて家臣となった給人や、土着、または先住武士団である国衆、軍役につくことで年貢を免除された軍役衆・同心衆なども含まれる。
領民
農民、職人、商人など。足軽の供給源でもあった。
下剋上
守護大名から成長した戦国大名
武田家、今川家、大内家、大友家、島津家など
守護代から成長した戦国大名
長尾（のちの上杉）家、尼子家、織田家、朝倉家、別所家、斎藤家など
国人領主から成長した戦国大名
浅井家、毛利家、伊達家、長宗我部家など
領民から成長した戦国大名
豊臣秀吉

第2章

織田信長と天下布武

織田信長

「天下布武」は全国制覇のスローガン?

新説

「天下」は畿内を指し、畿内の秩序回復が目的

数ある戦国大名のなかでも織田信長《おだのぶなが》の人気はずば抜けている。

いつ果てるとも知れない混戦状態から大きく抜け出し、天下統一への道筋を切り開いた人物であれば当然かもしれないが、家督を継いでから本能寺で斃《たお》れるまでの30余年間、絶体絶命の窮地に陥ること幾たびか。なかでも**最初にして最大の危機は、永禄3（1560）年、駿河の今川義元《いまがわよしもと》を迎え討っての桶《おけ》狭間《はざま》の戦いだった。**

駿河《するが》・遠江《とおとうみ》2カ国に加え、三河《みかわ》をも従属させた今川義元に対し、織田信長は尾張一国の統一を叶えたばかり。兵力の差は歴然としていた。

正攻法で太刀打ちできないのは明らかで、重臣たちの考えも降伏か籠城の二択という状況下、信長だけは唯一**今川軍に勝る地の利を活かして、勝利を呼び込むべく情報収集に怠りなかった。**

局所的でも数的優勢を築ければ勝機はある。

信長はわずかな可能性を頼みとして、物見からの知らせを待った。

今川軍がどの道を進むのか。隊列はどうなっているか。義元の移動手段は馬か輿《こし》か。信長は徹底して情報を集めたのだ。

そして必要な情報がそろったところで、作戦を開始させた。縦に伸び切り、守りの薄くなった本陣を急襲しようというのである。

もともと起伏の多い桶狭間の地は、視界がよくない。さらに信長にとって好都合なことに、突然の豪雨が馬蹄《ばてい》や馬のいななきをかき消してくれた上、水

一人勝ちは許すまじ！「信長包囲網」とは

「信長包囲網」とは、反織田信長の軍勢が結成した連合のこと。第一次包囲網は信長の上洛直後に構築され、本能寺の変で信長が死ぬまでに第三次まで構築された。

●第一次包囲網（1568年～1570年）

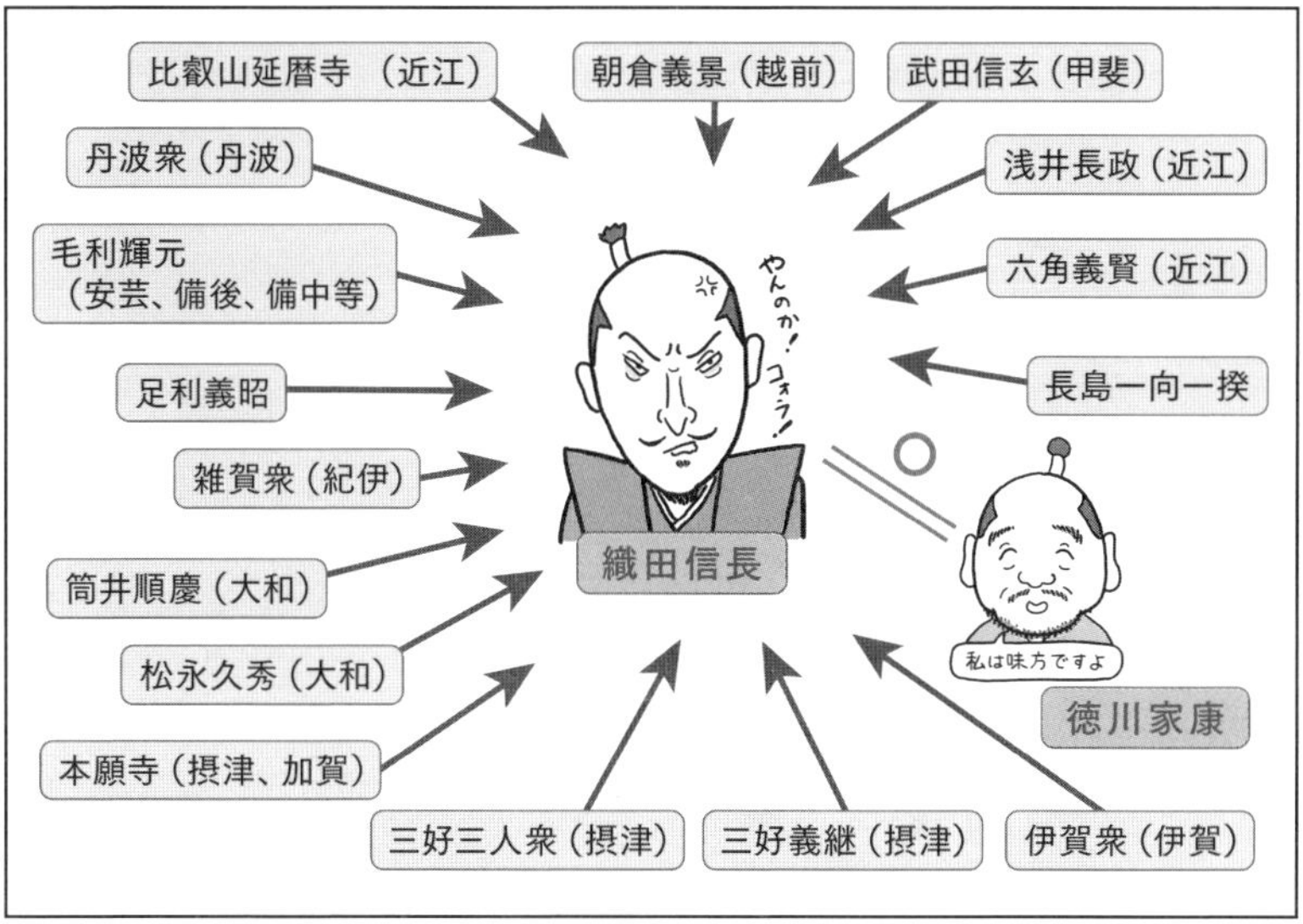

●第二次包囲網（1571年～1573年）

参加勢力

・比叡山延暦寺　（近江）
・筒井順慶　（大和）
・武田信玄　（甲斐、信濃、駿河）
・北条氏政（伊豆、相模、武蔵）
・三好三人衆　（山城・摂津）
・足利義昭　（山城）
・朝倉義景　（越前）
・浅井長政　（近江）
・本願寺　（摂津、加賀）
・三好義継　（河内）
・松永久秀　（大和）
・六角義賢　（近江）
・雑賀衆　（紀伊）
・甲賀衆　（近江）
・伊賀衆　（伊賀）

●第三次包囲網（1576年～1582年）

参加勢力

・松永久秀（大和）
・上杉謙信（越後、越中）
・丹波衆（丹波）
・宇喜多直家（備前）
・本願寺（摂津）
・武田勝頼（甲斐、信濃、駿河）
・足利義昭（備後）
・毛利輝元（安芸、備後、備中等）
・村上武吉（伊予・能島）

田をぬかるみへと変え、今川軍の増援を足止めさせる役割を果たした。

桶狭間の戦いにおける信長の勝利は、奇襲というよりも、徹底した情報収集と天の恵みが重なったことでなし得たのだった。

● 将軍の命のもとで行なわれた天下布武

信長の偉才は軍事に限らず、那古野《なごや》、清須《きよす》、小牧《こまき》山《やま》、岐阜《ぎふ》、安土《あづち》という居城の変遷からもはっきりと見て取ることができる。

尾張時代の那古野・清須両城はまだ守護館の域を出ず、重臣たちもそれぞれの地盤で同規模の館を構えていた。重臣たちの自立性は高く、権力の集中が中途半端であったことを物語っている。

これに対して小牧山・岐阜両城は君臣の別がはっきりわかる造りであった。

家臣団は城下の指定の場所に住むよう義務づけられ、地方へ赴任する際には家族を留めおくこととされた。各屋敷から山麓の城門までの距離は織田家中での地位に比例したことから、序列や上下関係も一目瞭然となった。

安土城の段階ではそれがさらに顕著となる。

信長が「天下布武《ふぶ》」という言葉を使い始めたのが岐阜城を居城にしていた時期である。

近年の研究によれば、当時でいう「天下」は「全国」の意味ではなく、京都を包摂する山城国《やましろのくに》とその周辺地域、すなわち畿内とほぼ同義語だった。

武力によって将軍足利義昭の帰京を助け、将軍の命のもと畿内の秩序の回復を図る。

それが「天下布武」の意味するところで、**続いて掲げられた「天下静謐《せいひつ》」は畿内の平穏の維持を意味する。**この平穏を乱す者の討伐は正義の戦いというのが、信長の論理であった。

とはいえ、何をするにも先立つものが必要であった。通常であれば税に頼るところであるが、信長は徴税よりも富める者の献金に期待した。献金の額に不満なときは、「矢銭《やせん》」の名目で取り立てていた。信長が入洛したとき、摂津《せっつ》・和泉《いずみ》に矢銭をかけ、堺に2万貫、大坂本願寺に5000貫を課したことは有名な話である。

「本能寺の変」前後の明智光秀の動向

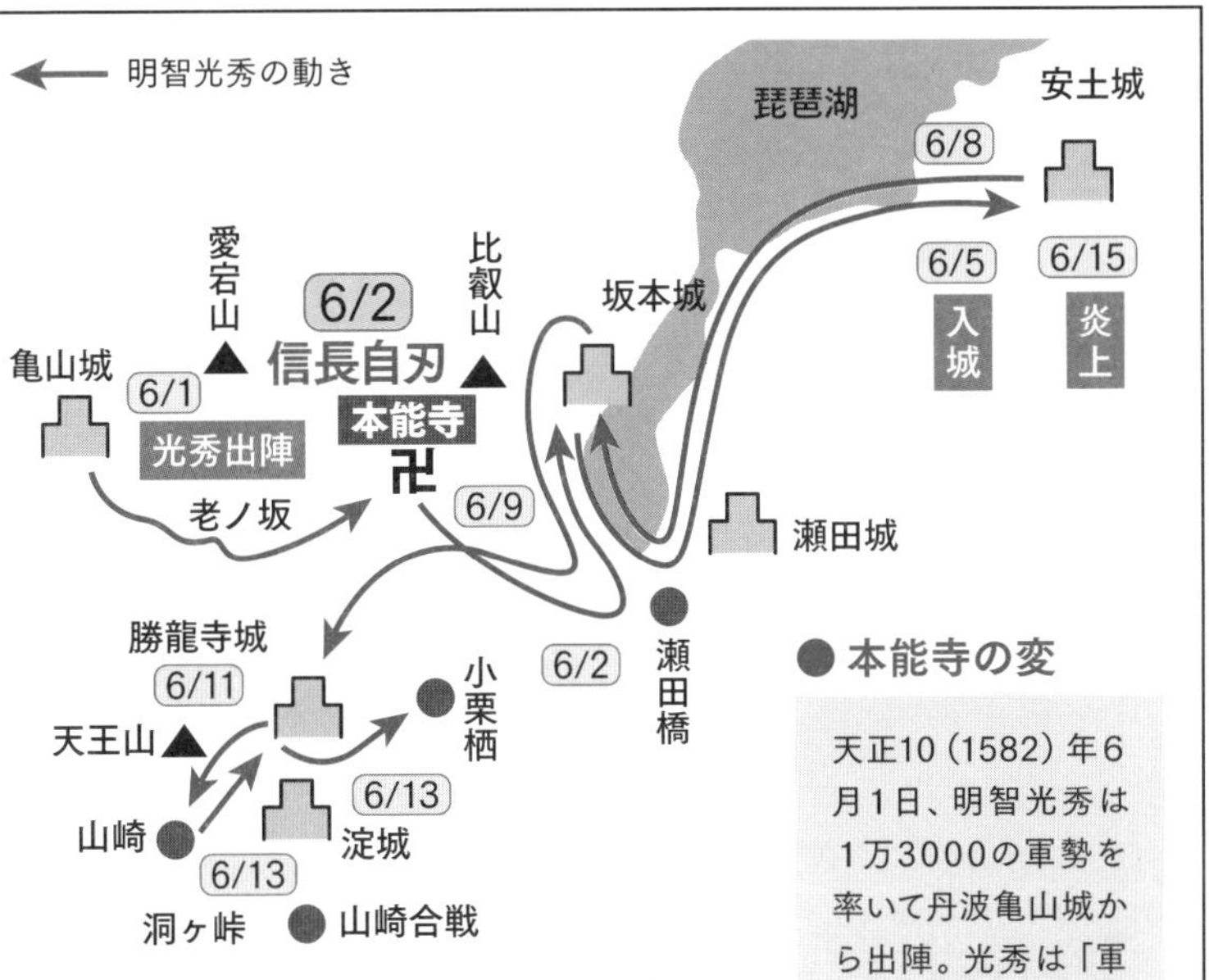

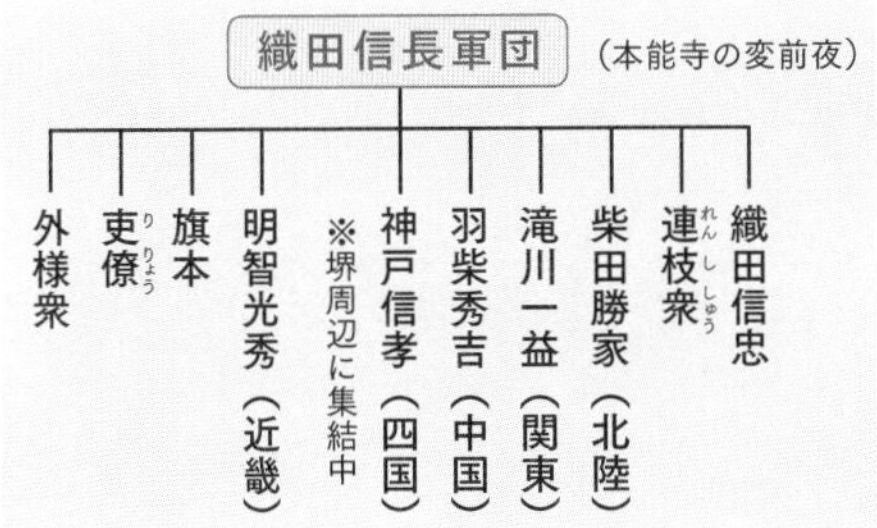

天正10（1582）年6月1日、明智光秀は1万3000の軍勢を率いて丹波亀山城から出陣。光秀は「軍備を信長に見せる」という理由で軍勢を本能寺に向けた。目覚め刻を襲われた信長は、自ら武器を手に抵抗したがかなわず、炎上する本能寺のなかで自害。

織《お》田《だ》信長《のぶなが》 （1534年～1582年）

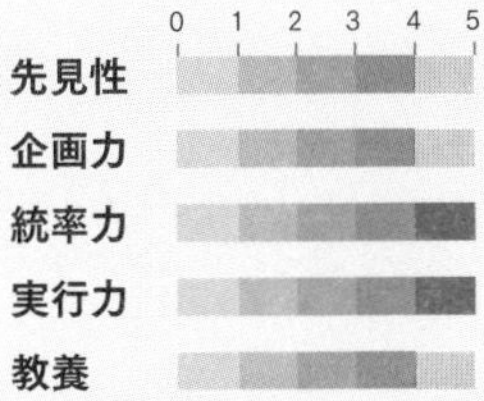

尾張守護代・清須織田家三奉行の一人である織田信秀の子。永禄3（1560）年に駿河の今川義元を桶狭間に討ち、ついで美濃の斎藤氏を滅ぼし勢力を拡大。同11（68）年、足利義昭を擁立して上洛。近畿に勢力を広げ、国内統一政権樹立を進める。天正3（75）年に甲斐の武田氏を長篠・設楽原の戦いで破り、さらに中国進出を目指すが、本能寺で明智光秀に襲われ自刃。

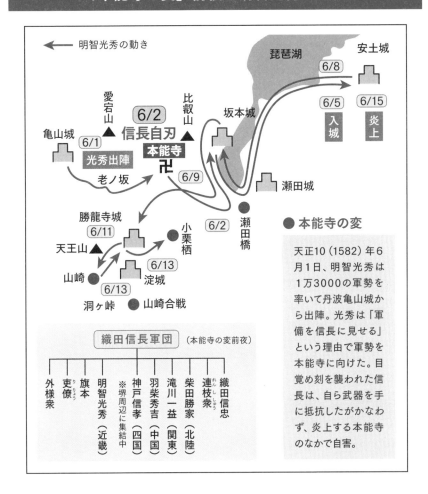

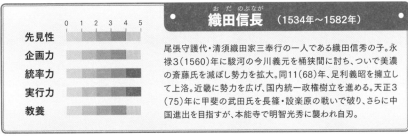

斎藤道三

油売りから戦国大名になったって本当？

新説

父子二代がかりの国盗りだった

美濃《みの》の斎藤道三《さいとうどうさん》は下剋上《げこくじょう》を地でいったとされる戦国大名だが、「六角承禎条書写《ろっかくじょうていじょうしょうつし》」という古文書によれば、**道三による国盗りは、父・長井新左衛《ながいしんざえ》門尉《もんのじょう》との2代がかりで行なわれた。**

それによれば、道三の父は本来の姓は西村で、京都の妙覚寺で修行した後に還俗して美濃へ下り、長井弥二郎《よじろう》という人のところへ出入りするうち、自身も長井新左衛門尉と名乗るようになった。

また江戸時代はじめに編纂された随筆『老人雑話』には、道三の父は山崎の油商で、夫婦で美濃にやってきたところで道三が生まれたとある。

道三自身の名がはじめて文書で確認できるのは、新左衛門尉が亡くなった天文2（1533）年のこと。その時点では長井新九郎規秀《しんくろうのりひで》と名乗っていた。

父が長井惣領家《そうりょうけ》を奪ったのに続いて、道三が守護代家だった斎藤家を乗っ取り、姓名を斎藤利政《としまさ》と改めた。同21（1552）年には守護の土岐頼芸《ときよりのり》を追い出し、美濃の国盗りを成功させた。しかし、新参者であることから、美濃の国衆（国人領主）には面従腹背《めんじゅうふくはい》の者も多く、のちに道三と嫡男・義龍《よしたつ》の間に対立が講じたとき、彼らを義龍のもとに結集させることになった。

父子間に深刻な対立が生じた一因として、尾張との同盟が考えられる。尾張と駿河の二方面に軍を分けたのでは不利を免れず、より強大な今川軍を封じるには、尾張と同盟を結ぶしかない。そのため愛娘を織田信秀《のぶひで》の嫡男・信長に嫁がせたのだが、義龍は信長をまったく評価していなかったようである。

斎藤道三の国盗り

道三をめぐる人物相関図

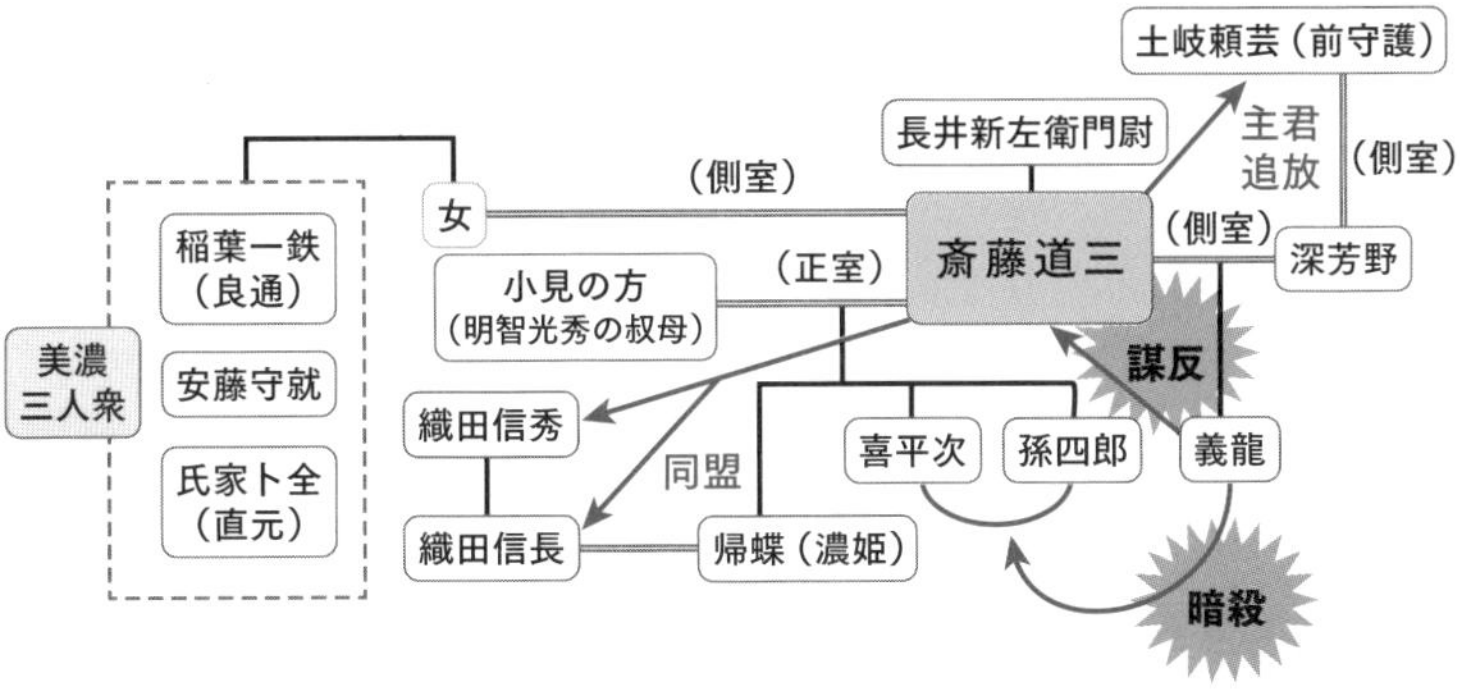

油売りとして美濃に入った父・新左衛門尉が長井惣領家をのっとり、美濃守護土岐氏の重臣にまでのし上がっていた息子の道三が主君・土岐頼芸を追放し、美濃の国盗りを成功させた。

道三の最期

道三が信長と結んだ同盟への反発と、道三が正室との息子たちばかりを溺愛し、義龍を冷遇したことなどにより、やがて道三と義龍の対立は深まり、ついには戦へ発展（長良川の戦い）。娘婿の信長が援軍を派兵したものの間に合わず、道三は息子に討たれ亡くなった。

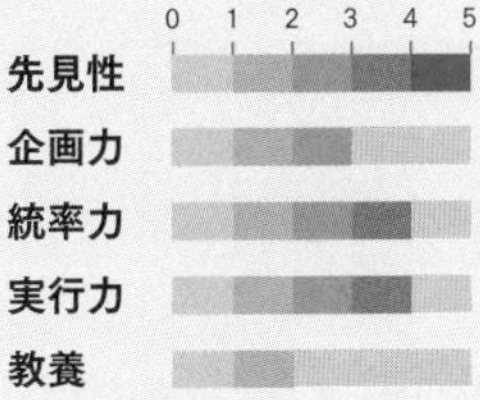

斎藤道三《さいとうどうさん》（?年〜1556年）

美濃守護・土岐氏の家臣・長井新左衛門尉の子。土岐氏の重臣となって美濃の実権を握り、越前の朝倉氏、尾張の織田氏など内外の諸勢力と争う。天文17（1548）年、織田信秀との講和のため、娘・濃姫を信長に嫁がせた。同21（52）年、土岐頼芸を追放して名実ともに美濃国主となる。しかし、子の義龍と家督をめぐって対立し、長良川の戦いで敗死。

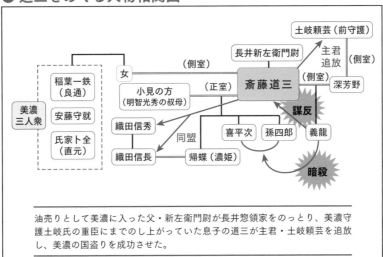

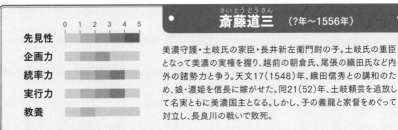

今川義元

「京かぶれ」の軟弱大名だったって本当？

新説

天下取りにもっとも近かった文武両道の傑物

駿河の今川氏は守護大名から戦国大名への転換を巧みにやり遂げた。足利一門なだけに京文化の移入に積極的で、二男以下の男子を京都の寺で修行させることも慣例化していた。

義元《よしもと》は鉄漿《かね》（お歯黒《はぐろ》）や眉墨《まゆずみ》など公家風の化粧を顔に施し、移動には馬ではなく輿《こし》を用いていた。これを聞くと「京かぶれ」の軟弱な大名に思えるかもしれないが、**義元は軟弱な性格ではなく、「海道《かいどう》一の弓取り」としても聞こえが高い、東海地方を代表する文武両道の戦国大名だった。**

義元が凡庸《ぼんよう》な大名になるのを避けられたのは、ひとえに養育係であった太原崇孚《たいげんそうふ》（雪斎《せっさい》）のおかげだろう。当時の僧侶にはその学識や人脈、身分を利用して、戦国大名のもとで軍師や外交官として働く者が多く、雪斎はそんな僧侶のなかでもっとも成功した例であった。

よき師に恵まれた**義元の経済政策は、その道の成功者とされる信長と比べても遜色なかった。**米の生産力で劣る分は、陸海双方を通じた商品経済および金山からの産金収入で補い、流通の便を図るため伝《てん》馬《ま》制度の確立にも尽力。

また「蛇《じゃ》の道は蛇《へび》」との考えから、友野宗善《とものそうぜん》という豪商を駿府の商人頭に任じて商人を統括させ、東海道の重要な宿駅である見付の町では、年貢の割増を交換条件として町衆による自治を認めるなど、「民活」の先駆けと呼べる試みも実施していた。

かくして蓄えた財力を背景に始めた西進は、上洛ではなく、尾張平定が目的であったと考えられる。

桶狭間の戦い

● 地形図

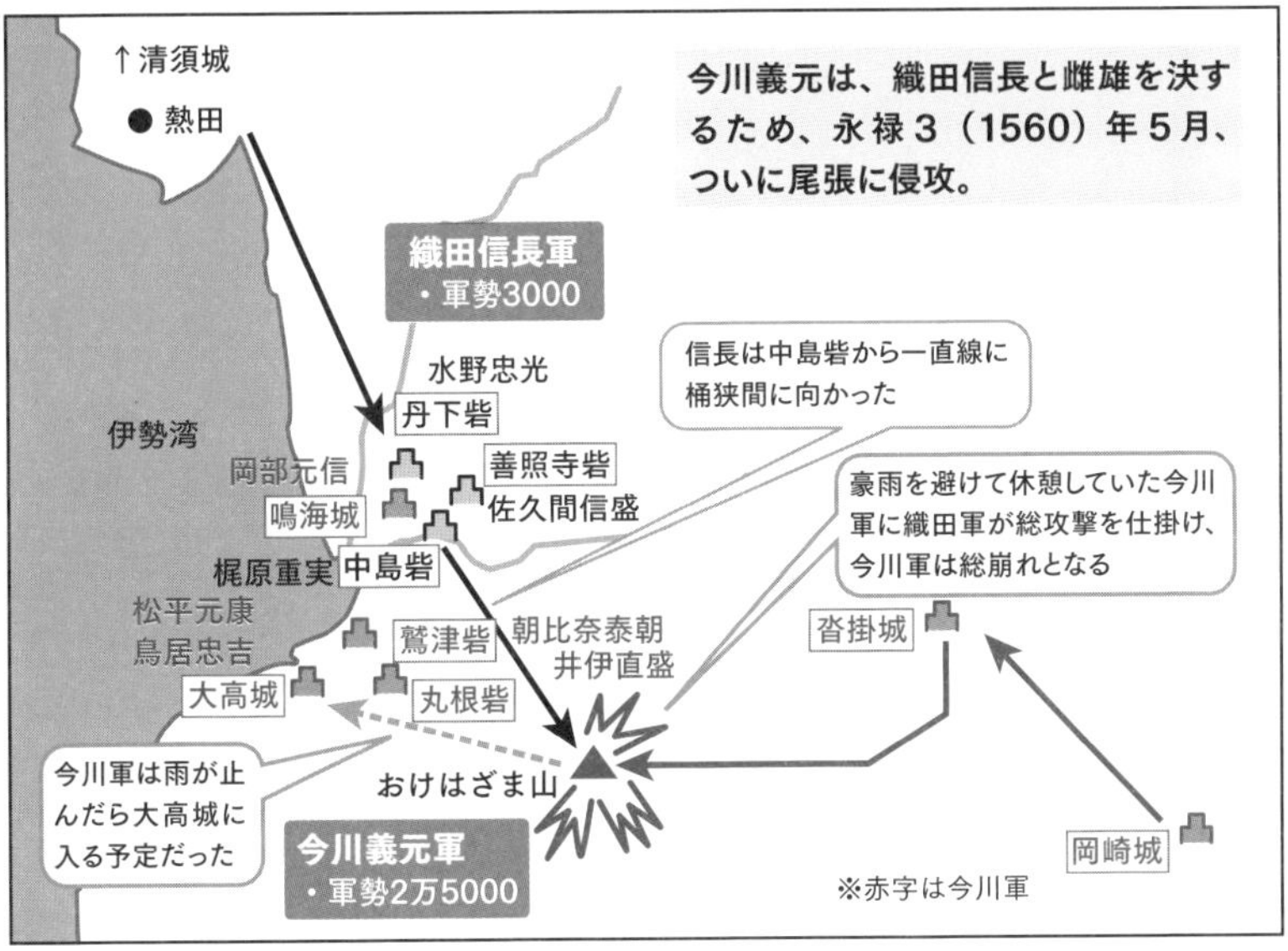

● 熱田
今川義元は、織田信長と雌雄を決するため、永禄3（1560）年5月、ついに尾張に侵攻。
織田信長軍
・軍勢3000
水野忠光
丹下砦
信長は中島砦から一直線に桶狭間に向かった
伊勢湾
岡部元信
善照寺砦
鳴海城
佐久間信盛
豪雨を避けて休憩していた今川軍に織田軍が総攻撃を仕掛け、今川軍は総崩れとなる
梶原重実

今川義元軍
・軍勢2万5000
岡崎城
※赤字は今川軍

● 戦いの推移

永禄3（1560）年

5月12日
- 今川義元が駿府から出陣

5月17日
- 義元、沓掛城へ到着

5月18日
- 今川軍の松平元康、大高城に兵糧を搬入

5月19日
- 今川軍の朝比奈泰朝と井伊直盛が織田軍の鷲津砦を、松平元康が丸根砦を攻撃・織田信長が清須城を出陣
- 今川軍が鷲津砦と丸根砦を攻め落とす
- 義元、おけはざま山に向かう
- 信長、中島砦からおけはざま山へ出陣
- 信長、義元本隊に総攻撃開始
- 織田軍の毛利新介、義元の首をとる

今川義元《いまがわよしもと》 （1519年～1560年）

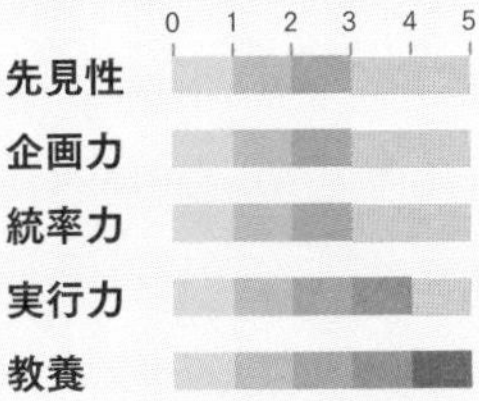

0 1 2 3 4 5
先見性
企画力
統率力
実行力
教養

駿河および遠江守護・今川氏親（うじちか）の子。父の命により幼少のころ出家するが、天文5（1536）年、兄が死ぬと還俗し、家督を相続。同18（49）年、織田氏を攻め三河を平定する。その後、相模の北条氏、甲斐の武田氏と三国同盟を結んで東方を安定させ、永禄3（60）年に西方を目指して尾張へ侵攻。しかし、桶狭間の戦いで織田信長の攻撃を受け、討死した。

鳥居忠吉

今川軍は雨が止んだら大高城に入る予定だった

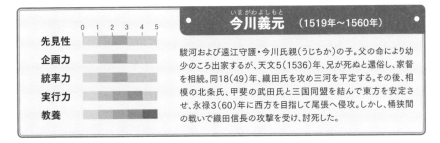

北条氏康

どうして関東の覇者になれたのか？

新説 河越夜戦の勝利により、関東の覇権を確立

戦国大名の北条《ほうじょう》氏は、鎌倉時代の北条氏と区別するため、小田原北条氏または後《ご》北条氏と呼ばれる。初代早雲の段階で伊豆《いず》・相模《さがみ》の２カ国を獲得。続く氏綱《うじつな》、氏康《うじやす》の２代がかりで武蔵・上野の２カ国をも支配下に収めた。

氏康といえば、天文15（１５４６）年の山内・扇谷の両上杉氏と古河公方の足利晴氏《はるうじ》を相手とした河《かわ》越《ごえ》の戦いが有名だが、**氏康の才は軍事に限らず、内政面でも発揮された。**

同19（１５５０）年以前、北条氏の領内では、年貢と棟別銭《むねべちせん》（家屋税）の他に、諸点役《しょてんやく》と総称される種々雑多な税が課せられ、徴収する側・される側ともに大きな負担となっていた。

氏康はそれを貫高《かんだか》（収穫高）の６パーセントの段《たん》銭《せん》と、４パーセントの懸銭《かけせん》、棟別銭の３つに整理統合する税制改革を行ない、双方の負担を著しく軽減させた。誰でもできそうな改革だが、前例踏襲の悪《あく》弊《へい》から抜け出すには、やはり優れた君主による英断が必要であった。

特筆すべきはこれに留まらず、永禄２（１５５９）年には**「北条氏所領役帳《やくちょう》」を作成**させていることだ。これは軍事編成上の単位である衆（軍団）ごとに人数や知行《ちぎょう》貫高、知行の所在する郷村名などが列記された一種の土地台帳で、**氏康は小田原にいながら、家臣団全体の実情を常に把握できた。**

さらに氏康は、軍陣において気づいたことがあれば、身分の低い家臣でも直接意見できるようにするなど、風通しのよい統治を心がけた。

北条氏康の施策

●北条氏所領役帳

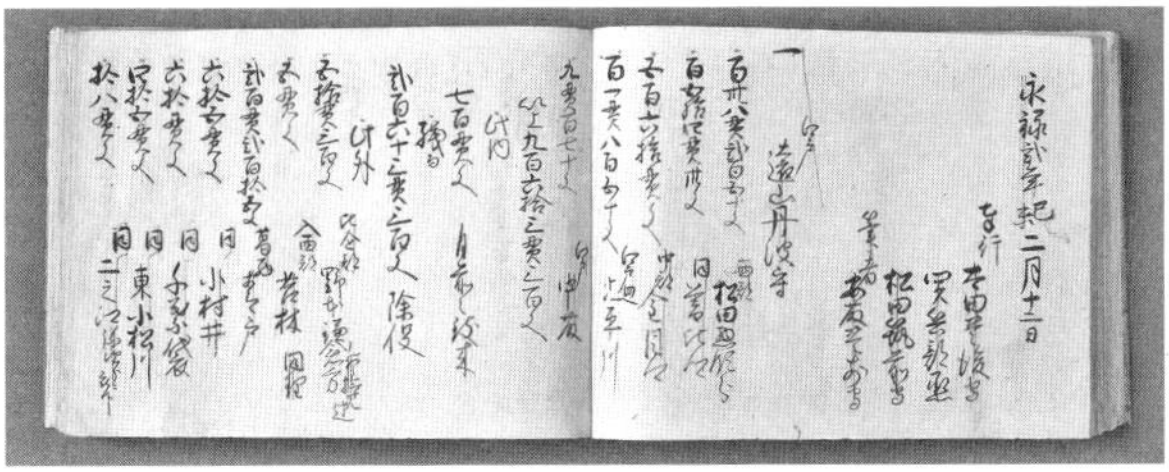

今井利貞氏蔵・
平塚市博物館寄託
※平塚市指定重要文化財

永禄2（1559）年、北条氏康が太田豊後守・関兵部丞《せきひょうぶのじょう》・松田筑前守の3人の奉行に命じ、家臣らの諸役賦課の状態を調査、集成して作成させたものと考えられている。

『北条氏所領役帳』に見る北条軍団の知行貫高（見込収穫高）

衆	単位：貫
小田原衆（小田原城配属）	9202
御馬廻衆（当主直属）	8591
玉縄衆（相模国玉縄城配属）	4381
江戸衆（武蔵国江戸城配属）	1万2650
河越衆（武蔵国河越城配属）	4079
松山衆（武蔵国松山城配属）	3300
伊豆衆（伊豆国韮山城配属）	3393
津久井衆（相模国津久井城配属）	2238
諸足軽衆（当主直属）	2260
御一家衆（支城・その他配属）	1万5629

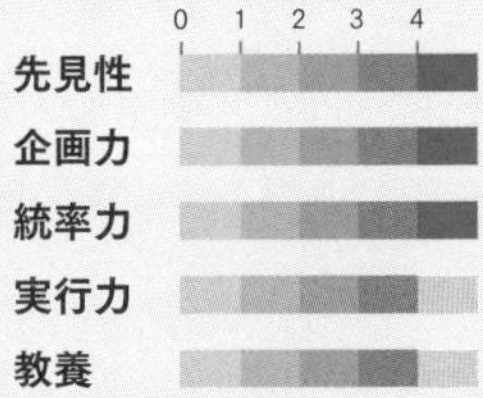

北条氏康《ほうじょううじやす》（1515年～1571年）

北条氏綱の長男。北条早雲の孫。天文10（1541）年、家督を継いだ後の同15（46）年、扇谷上杉氏を河越城の戦いで破り、今川・武田と三国同盟を結んで関東勢力を掌握。検地や伝馬制度などの施策で、領国経営を安定させる。また、三国同盟を背景に上杉謙信の進攻を撃退した。晩年は、上杉氏との同盟に奔走した。しかし、死の直前、再び武田氏と結ぶよう遺言したといわれる。

武田信玄

「武田騎馬団」は本当に存在した!?

新説 馬は主に移動と運搬の道具だった

戦国時代は肉親といえども油断できず、甲斐《かい》の武《たけ》田《だ》信玄《しんげん》も父・信虎《のぶとら》を国外へ追放し、嫡男・義信《よしのぶ》を幽閉という非情な措置に出ている。

信虎は武田一族と甲斐一国の統一を成し遂げ、甲斐武田氏を戦国大名に仲間入りさせた功労者だが、天文10（1541）年、今川義元に嫁いだ娘の顔を見ようと駿河を訪れたところ、嫡男の信玄に国境を封鎖され、甲斐へ戻れなくなった。

信玄と重臣たち共謀による政変である。動機としては、信虎の「悪逆無道《あくぎゃくむどう》」が挙げられることが多いが、実際は外征の度が過ぎて、甲斐国全体が疲弊《ひへい》していたことと関係しよう。不平不満が積もりに積もったところへ、信玄が家督を継ぐに十分な年齢に達し、信虎の留守という思わぬ好機が到来したことから、政変に及んだのではあるまいか。

一方の嫡男・義信を盟主とする政変計画が発覚したのは永禄8（1565）年のこと。中心人物と目された飯富虎昌《おぶとらまさ》は粛清、義信は幽閉された。今川義元の娘を正室に迎えていたことから、義信には信玄の進める織田信長との同盟が受け入れられず、計画に加担したものと考えられる。

信玄は、たとえ肉親であっても非情な手段に出ることのできる人物であった。その厳しさは戦にも示され、信虎ほどではないにしろ、信玄の生涯も合戦の連続であった。

ただし、俗にいう**「武田騎馬軍団」というのは後世の創作で、武田軍の主力が騎兵であったことはなく、騎兵による敵陣の蹂躙《じゅうりん》なども皆無であった。**

武田信玄の攻撃的人生

信玄の勢力拡大

父・信虎の時代（1520年ごろ）は武田一族と甲斐一国の統一がなされた。家督を相続すると、天文23（1554）年に今川氏、北条氏と「三国同盟」を結び、信濃を攻略。その後も勢力拡大を続けた。

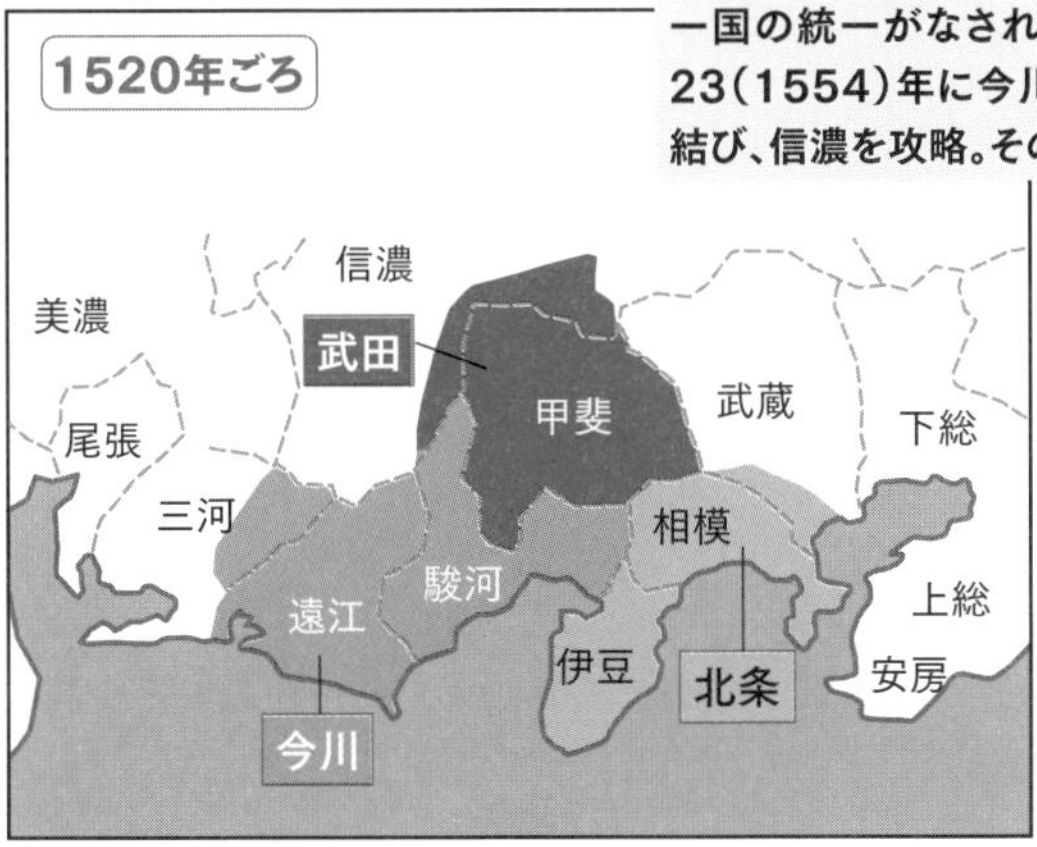

父・信虎の時代の武田氏の領土。甲斐一国を統一し、甲斐武田氏が戦国大名の仲間入りをした。

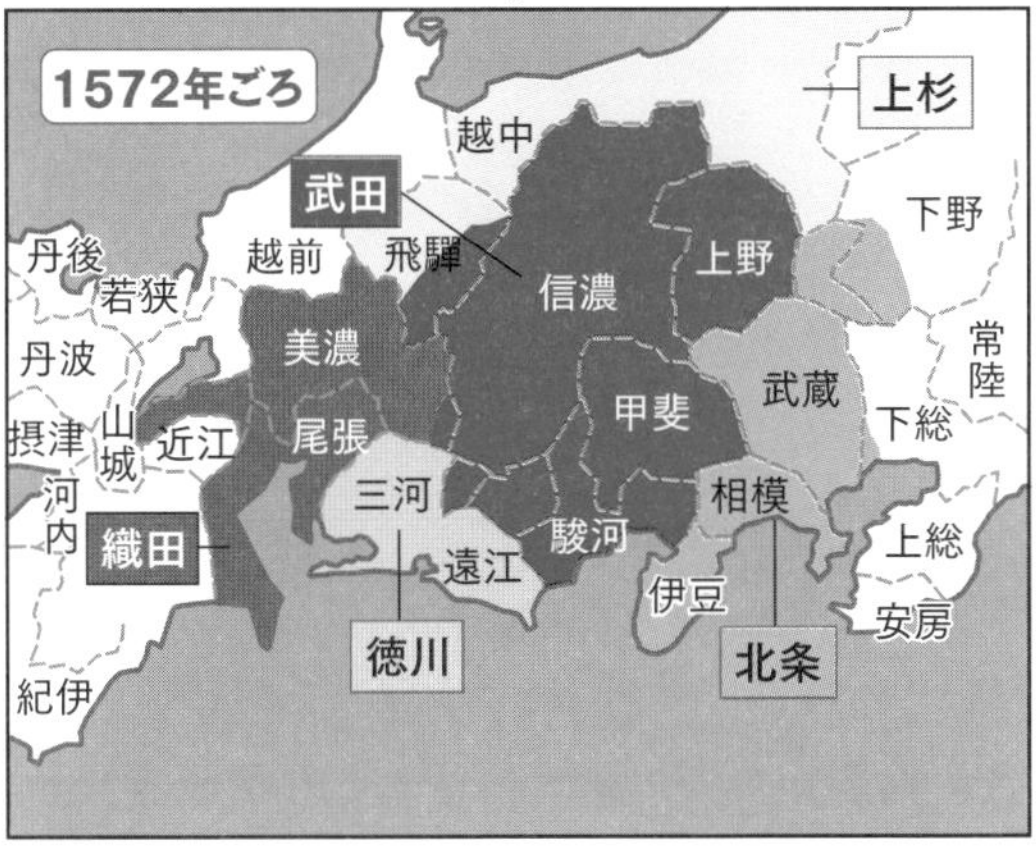

永禄11（1568）年に、三国同盟を破り、今川領に侵攻して、駿河を攻略。元亀3（1572）年、徳川領である遠江に侵攻。三方ヶ原の戦いで徳川家康に勝利する。遠江の東半分を抑えるが、翌年、持病の悪化により死亡。

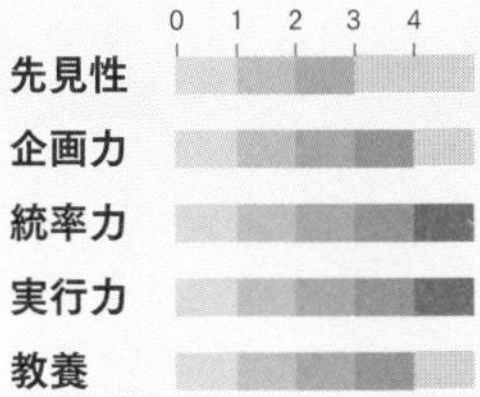

武田《たけだ》信玄《しんげん》（1521年～1573年）

甲斐守護・武田信虎の長男。天文10（1541）年、父を追放して家督を継ぐと、信濃に進攻し、諏訪、伊那などを攻略。同22（53）年から数度にわたり、川中島で上杉謙信と戦う。永禄11（68）年には、今川氏真を追放して駿河を領有する。北条氏と和議を結んだのち、元亀3（72）年に上洛を目指して遠江へ出陣。三方ヶ原の戦いで徳川軍を破るが、陣中で没。

上杉謙信

武田信玄に「塩を贈った」って本当？

敵に塩を贈ったという史実はない

越後《えちご》の上杉謙信《うえすぎけんしん》は信州《しんしゅう》川中島《かわなかじま》で武田信玄と相対することと5回。永遠のライバルと呼ぶに相応しい両者だが、**信玄が北条氏から塩の禁輸措置を食らって窮地に陥ったとき、謙信が義の精神から、武田領に塩を贈ったという故事は史実ではない。**

とはいえ、海のない内陸国にとって塩の確保が死活問題であったことが事実なら、**謙信の財政基盤が関税収入にあったのも事実だった。**ここでいう関税の徴収場所は街道上の関所ではなく、柏崎《かしわざき》・寺泊《てらどまり》・直江津《なおえつ》などの港。そこに出入りする船から徴収したもので、船道前《ふなどうまえ》と呼ばれた。

謙信は49歳で亡くなるまで、大きな戦いだけでも70余回経験しているが、外政に限って見れば他の戦国大名とは若干性格を異にしていた。

関東に出陣すること13回を数え、そのうち8回は関東で新年を迎え、1回は北条氏の本拠地である小田原城を包囲している。しかし、それだけ莫大な資金と労力を投じながら、関東で所領を確保することはなかった。できなかったわけではなく、あえてしなかったのである。

その理由は、謙信の関東への遠征が、上杉憲政《のりまさ》から譲られた関東管領としての責務を果たすためだったからで、**謙信にとって大事なのは実利よりも大義や面目《めんもく》であった。**

川中島への遠征も所領の拡大ではなく、武田信玄により信州を追われた諸将の要請に応えるためのもので、謙信の存在と行動原理は数ある戦国大名のなかでも極めてユニークだった。

最強の武将と呼ばれた上杉謙信

● 謙信の戦歴

勝率9割5分以上！

謙信は15歳で初陣を勝利で飾ってから49歳で亡くなるまで、約70回の戦を経験。その勝率は9割5分以上ともいわれ、戦国武将のなかでも最強という呼び声が高い。

● 川中島の戦い

- 第一次（1553年） ……… 布施の戦い
- 第二次（1555年） ……… 犀川の戦い
- 第三次（1557年） ……… 上野原の戦い
- 第四次（1561年） ……… 八幡原の戦い
- 第五次（1564年） ……… 塩崎の対陣

北信濃の支配権をめぐり、上杉謙信と武田信玄の間に起こった5回の戦いの総称。第四次の戦いが唯一大規模な戦いで、一般的に「川中島の戦い」といったとき、この戦いを指すことが多い。

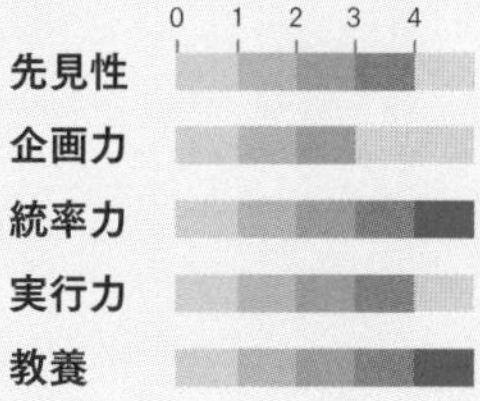

上杉謙信《うえすぎけんしん》（1530年～1578年）

越後守護代・長尾為景の二男。天文17（1548）年、主君上杉定実の支援を得て、兄・晴景から家督を奪う。以後、国内統一に努めつつ甲斐の武田信玄、相模の北条氏康などと大規模な戦闘を展開。永禄4（61）年、山内上杉氏の家督を引き継いで関東管領となる。天正元（73）年には越中を平定。織田信長を攻めるため、毛利氏と連合したが、出陣の矢先に脳卒中で死亡。

松永久秀

戦国時代を代表する梟雄だった？

新説 将軍殺しも主家への背反も火付けも濡れ衣だった

将軍を殺《あや》め、主家に背き、大仏殿に火をかける。松永久秀《ひさひで》は3つとも平然とやってのけたとされ、戦国時代を代表する梟雄《きょうゆう》（残忍で勇猛なこと）扱いされる。しかし、**実のところ久秀の「三悪」とされるものはすべて冤罪《えんざい》である。**

久秀は三好長慶《みよしながよし》に仕えて頭角を現わし、長慶の死後、三好三人衆と戦いを繰り広げるなか、上洛する織田信長に帰順する道を選んだ。彼の「三悪」とされるのはすべて、長慶の晩年から信長の上洛までに起きた出来事を指している。

まずは**13代将軍足利義輝《よしてる》の殺害**だが、これには嫡男・久通《ひさみち》は参加していたが、すでに家督を譲っていた**久秀は関知していなかった。**次に**長慶の嫡男・義興の死は久秀による毒殺**で、愛息の早すぎる死が長慶の寿命を縮めたとの説があるが、これには確証がなく、**風聞《ふうぶん》の域を出ない。大仏殿の焼亡**は三好三人衆と戦うなかで起きたもので、少なくとも**松永側が故意につけた火ではなかった。**

久秀が信長に臣従《しんじゅう》したのはあくまで一つの手段で、一時の宿り木に過ぎなかった。その証拠に信長包囲網が厳しくなったとみるや、たちまち反旗を翻《ひるがえ》し、反信長陣営の最大勢力であった武田信玄の死去を知ると、ただちに矛《ほこ》を収めている。

能力を買われていたからこそ信長から1度は許されたが、2度目があるとは思えず、『多聞院《たもんいん》日記』によれば、**久秀は敗北が明らかになったとき、信長も所望した茶釜の名器「平蜘蛛《ひらぐも》」を叩き割った上で、信貴山《しぎさん》城の天守で自害したという。**

松永久秀のカメレオン人生

● 久秀の裏切りの変遷

三好長慶・義興親子

新説 **臣従** 2人の死によって三好家の実権を握る。一説に久秀が義興を暗殺し、義興の死による傷心で長慶が死んだともいわれるが風聞の域を出ない

三好三人衆

共謀 第13代将軍足利義輝を弑逆 → 新説 **敵対** 三好三人衆の本陣・東大寺に火をつける
※久秀が命じたわけではないとの説が有力

織田信長

臣従 名器「九十九《つくも》髪《かみ》茄子《なす》」（茶入れ）を献上 → **叛旗** 反信長陣営に寝返るがすぐに降伏 → 信長に赦される

→ **臣従** 信長の本願寺攻めに参加 → **叛旗** 戦線離脱し信貴山城に籠城。信長から降伏を促されるが、自爆

● 大和一国を安堵された茶器とは

茶器「九十九髪茄子」は足利義満からの伝来で、久秀が臣従をする際に織田信長に献上。信長の死後秀吉に渡ったが大坂夏の陣で罹災。それを徳川家康の命を受けた藤重藤元父子が見つけ、壊れた欠片を漆で修復した。釉薬のように見える表面の柄はすべて漆。

●九十九髪茄子
高さ約6センチ・胴回り約23センチ

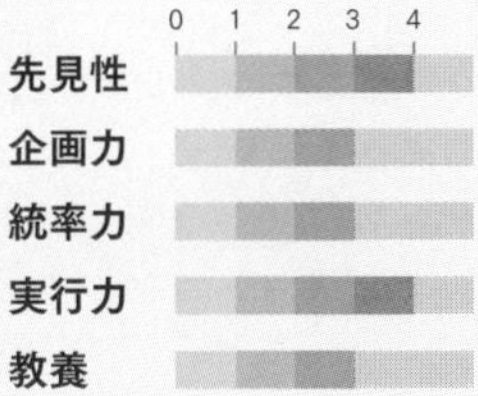

松永《まつなが》久秀《ひさひで》 （？年～1577年）

出自は不明。三好長慶に仕え、信貴山城や多聞城などを築いて大和を支配。三好氏の家老として権勢をふるった。長慶の死後、三好三人衆と対立を深めるが、永禄11（1568）年、上洛途上の織田信長に降伏。大和一国を安堵されたが、のちに信長に背き、天正5（77）年、織田軍に信貴山城を攻められる。城に火を放ち、名器平蜘蛛の茶釜を壊して自害した。

浅井長政

なぜ織田信長との同盟を破棄したか？

新説 足利義昭からの密命があったという説が浮上

織田信長が岐阜城から上洛するには近江《おうみ》国を横断する必要があり、このとき南近江の六角《ろっかく》氏が敵対したのに対して、北近江の浅井《あざい》氏は全面的に協力した。**浅井氏3代目当主の長政《ながまさ》が信長の妹・お市《いち》を正室に迎えることで、義理の兄弟となっていたからである。**

北近江の本来の守護は四職《しき》の一つの京極氏で、浅井氏は国衆の一人に過ぎなかったが、長政の祖父・亮政《すけまさ》のとき、国人一揆の盟主に擁立されて実権を掌握。だが、父・久政《ひさまさ》のときには六角氏の家臣に甘んじ、長政は六角氏の重臣平井定武《ひらいさだたけ》の娘と結婚させられた上、六角定頼《さだより》の子・義賢《よしかた》（承禎《じょうてい》）から「賢」の字を押し付けられ、当初は賢政《かたまさ》と名乗っていた。

六角氏への従属に不満な家臣は多く、長政は彼らの支持を背景に政変を敢行。当主の座につくと、名を長政と改め、平井の娘とも離縁し、六角氏の討伐軍を撃退して、北近江郡から犬上《いぬかみ》・愛智《えち》両郡にまで版図を拡げ、戦国大名への仲間入りを果たした。そこへ信長上洛の風聞を耳にして、同盟を結ぶ運びとなったのである。

しかし、浅井・織田同盟は長続きせず、元亀元（1570）年、越前《えちぜん》攻めを始めた信長の背を浅井軍が突こうとしたことで終焉《しゅうえん》する。自ら出陣したわけではないが、長政の命令によることは間違いなく、**同盟破棄の理由としては、朝倉氏との旧誼《きゅうぎ》を重んじたからと説明されることが多い。しかし、最近では足利義昭の密命によるとの説が浮上している。**

何が動機にしろ、これ以降、長政と信長の関係が修復されることはなかった。

浅井長政の娘たちにみる「女たちの戦国時代」

浅井三姉妹とは

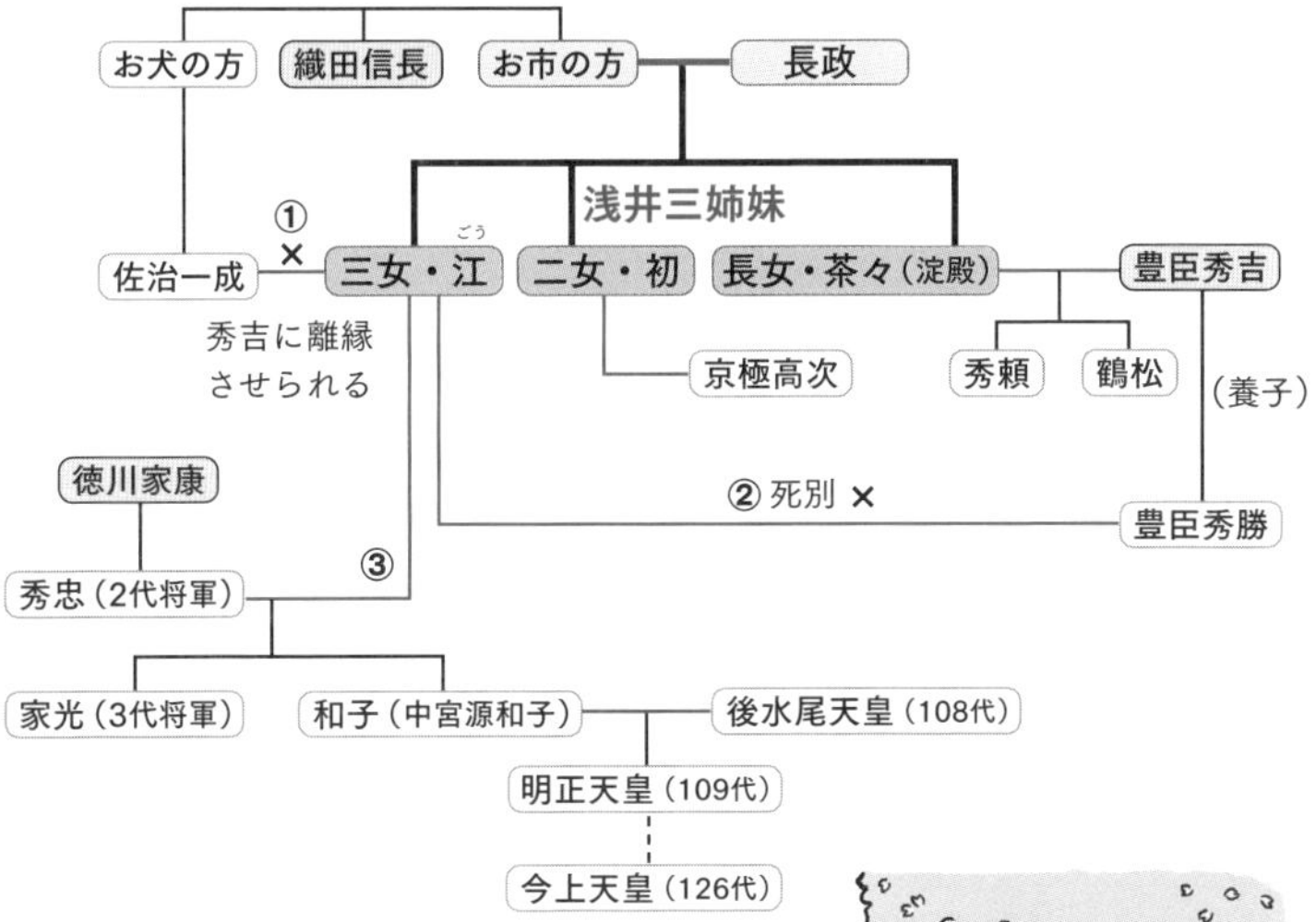

長政が小谷城で自刃する際、妻・お市の方と3人の娘たちは救出された。その後お市の方は柴田勝家に嫁ぎ、夫と共に自害する運命をたどり、娘たちも戦国時代の覇権争いに巻き込まれていく。お市の方と浅井三姉妹は戦国の世の女性の象徴といえよう。

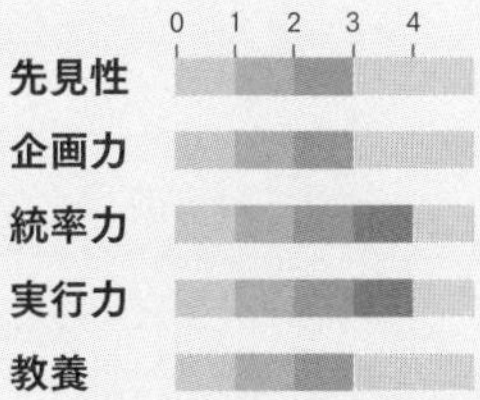

浅井《あざい》長政《ながまさ》（1545年～1573年）

近江小谷城主・浅井久政の嫡男。永禄3（1560）年、父の隠退で家督を継ぐと、六角氏との対決姿勢を強め、南近江の大半を攻略する。織田信長が岐阜を平定した後の同10（67）年、信長の妹を娶り織田氏と友好関係を結ぶ。しかし、信長が朝倉攻めを始めると朝倉勢に味方する。元亀元（70）年、姉川の戦いで織田・徳川連合軍に敗北。3年後、小谷城を攻撃されて自刃した。

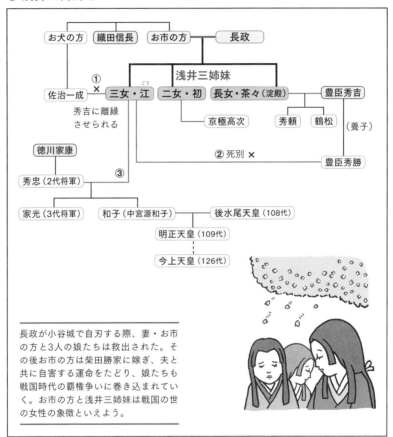

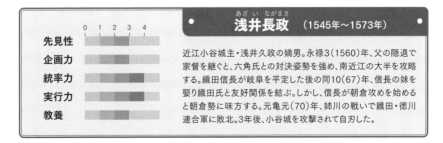

武田勝頼

新説

長篠・設楽原の戦いの敗因は「三段撃ち」？

「三段撃ち」はなく、鉄砲・弓矢の雨に敗れた

武田勝頼《たけだかつより》は信玄の四男。名前に「信」の字が付かないのを見れば明らかなように、元服時には後継者の有力候補とは目されていなかった。

勝頼は諏訪《すわ》大社の神主を兼ねる諏訪氏を継ぐ者として育てられた。運命の急変は、信玄の嫡男・義信《よしのぶ》が謀反《むほん》の罪により廃嫡《はいちゃく》されたことによる。二男は目が見えず、三男は10歳で夭折《ようせつ》していたことから、四男・勝頼にお鉢が巡ってきたのである。

江戸時代初期に編纂《へんさん》された軍学書『甲陽軍鑑《こうようぐんかん》』によれば、武田信玄は長大な遺言を残しており、事後の戦略としては、合戦に耽《ふけ》ることなく、信長・家康の命運の尽きるのを待つこと。信長が侵攻してきた際には難所に陣を張って持久戦に持ち込み、家康が侵攻してきた際には駿河国内まで引き込んでから討ち取るよう指示していた。決して自分から他国に侵攻してはならないとしたのである。

けれども、勝頼は専守防衛の原則を守らず、信玄の死から2年後、対外積極策に転じた途端、三河の長篠《ながしの》・設楽原《したらがはら》で大敗を喫した。

織田・徳川軍による鉄砲三段撃ちは後世の創作で、実際には3人1組による間断《かんだん》ない連射だったようだ。しかし、鉄砲による火力以前に、武田軍は兵の数で大きく劣る上に、長篠城を攻め落とせず、前後挟撃《きょうげき》される不利な状況に置かれていた。決戦を挑まず、撤退するべき局面だったのである。

この敗北により、勝頼は領内の守りを強化する必要に迫られ、躑躅ヶ崎館《つつじがさきやかた》とは比較にならない堅固な城郭の建造に着手するのだった。

武田氏を滅亡に導いた当主・武田勝頼

● 長篠・設楽原の戦い

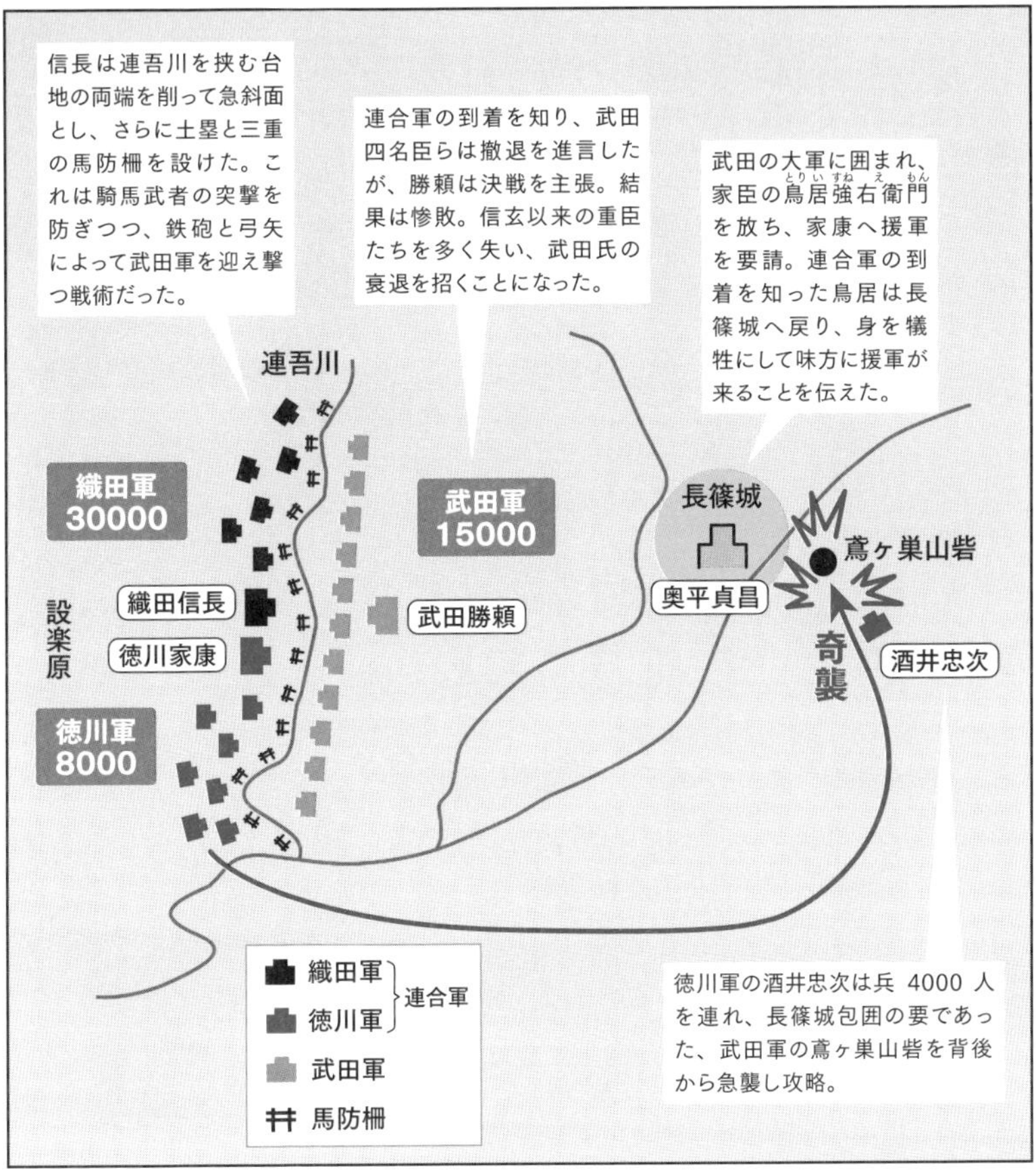

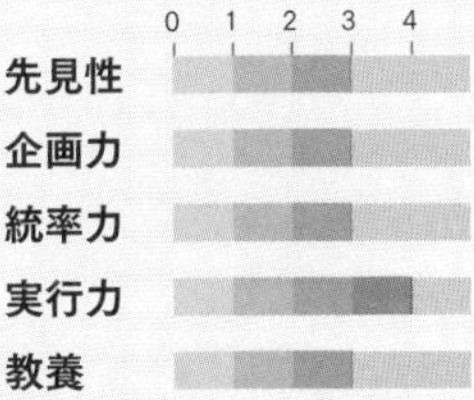

信長は連吾川を挟む台地の両端を削って急斜面とし、さらに土塁と三重の馬防柵を設けた。これは騎馬武者の突撃を防ぎつつ、鉄砲と弓矢によって武田軍を迎え撃つ戦術だった。
連合軍の到着を知り、武田四名臣らは撤退を進言したが、勝頼は決戦を主張。結果は惨敗。信玄以来の重臣たちを多く失い、武田氏の衰退を招くことになった。
武田の大軍に囲まれ、家臣の鳥《とり》居《い》強《すね》右《え》衛門《もん》を放ち、家康へ援軍を要請。連合軍の到着を知った鳥居は長篠城へ戻り、身を犠牲にして味方に援軍が来ることを伝えた。
連吾川

先見性
企画力
統率力
実行力
教養

武田勝頼《たけだかつより》（1546年〜1582年）

武田信玄の四男。3人の兄が没したり、出家したため、信玄の死後、家督を継ぐ。父の遺志を継ぎ、北条氏と結んだ上、常勝武田軍を率いて美濃、遠江、三河に侵攻。しかし、長篠・設楽原の戦いで、織田・徳川連合軍の鉄砲隊による猛攻に遭い、大敗。勢力挽回に努めたが成果は得られず、天正10(1582)年、織田軍の侵攻を受け、落ち延びた天目山麓で一族とともに自刃した。

30000

15000
長篠城
鳶ヶ巣山砦
奥平貞昌

織田信長
徳川家康

奇襲
酒井忠次
徳川軍
8000

徳川軍

馬防柵
徳川軍の酒井忠次は兵 4000 人を連れ、長篠城包囲の要であった、武田軍の鳶ヶ巣山砦を背後から急襲し攻略。

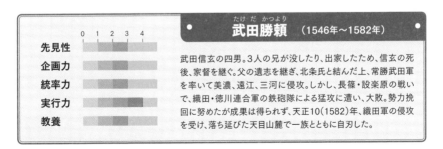

浪人出身で住所不定だったって本当？

新説 近江田中城に住み医学の心得があったとの説も

明智《あけち》光秀《みつひで》は知名度の高さに反比例して不明な点が多い。生年も不明なら、出生地にしても現在の岐阜県と滋賀県の４カ所が名乗りを挙げており、父親の名にしても複数の説がある。美濃《みの》源氏土岐《とき》氏の一族ではあるようだが、詳しい系譜まではわからない。

事績にしても、足利義昭上洛以前のことを伝える一次史料に欠け、軍記物語に記された内容を但し書き付きで流用するしかなかった。**しかし、近年発見された史料から、光秀が永禄９（１５６６）年の10月以前に近江国高島の田中城にいて、初歩的ながら医術の心得を有していたことがわかった。**

長い空白期間の１点がようやく埋まりかけたところだが、光秀の生涯を通じて最大の謎はやはり本能《ほんのう》寺《じ》の変の動機であろう。動機と絡んで、単独犯かそれとも共謀者や黒幕がいたのかといった点も、いまだ多くの歴史ファンを惹《ひ》きつけてやまないテーマであり、今後もそうであり続けるだろう。

これもまた最近のことだが、本能寺の変に関する新史料が公開された。

それは本能寺の変から87年後、加賀《かが》藩の兵学者・関屋政春《せきやまさはる》により編纂された『乙夜之書物《いつやのかきもの》』に収められており、光秀の重臣・斎藤利三《としみつ》の三男・利宗《としむね》からの聞き書きをもとにしている。利宗によれば、本能寺を襲撃したのは斎藤利三と明智秀満率いる先発隊2000余騎で、**光秀は寺から約８キロメートル南の鳥羽《とば》に控えていたというのである。**

これが新説となりうるのかどうか、今後の検討と議論が待たれてならない。

なぜ本能寺の変が起きたのか ―光秀の心を読む―

●推定される原因の一つ ―豊臣秀吉との熾烈な出世争い

光秀 優勢

- 一国一城の主、第1号（近江坂本城）
- 近畿管領になる
- 天正9（1581）年の信長の京都馬揃えで、総指揮をとる

などなど

VS

秀吉

- 一国一城の主、第2号（小谷城）
- 中国方面軍司令官

などなど

ところが

信長

「（備中高松城の毛利攻めの）
秀吉の応援に行け」
＝秀吉の指揮下に下れ

●ほかにもある推定される原因

- 甲斐武田攻めの目星がついたころ光秀が「骨を折った甲斐があった」とつぶやいたら、信長が「どこで骨を折ったというのか」と光秀を打ち据えた
- 四国攻めで、長宗我部元親を平和裏に屈服させようと努めていたのに、信長が方針を変更。面目を失った
- 信長の有力武将捨て殺しに対する先制攻撃
- 将軍には源氏しか任命されなかったのに、平家の流れを汲む信長が任命されそうになり源氏の流れの光秀には許せなかった　などなど

明智光秀《あけちみつひで》（1528年?～1582年）

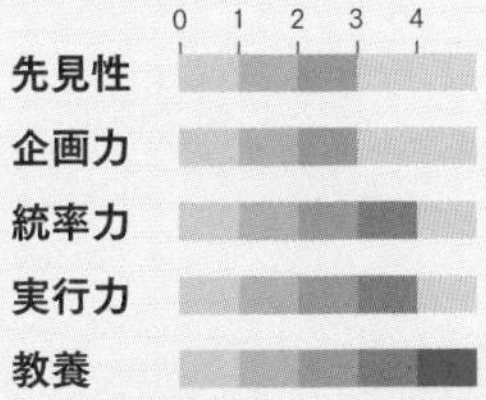

出自は美濃の土岐氏の一族とも伝わるが不詳。はじめ、越前の領主・朝倉義景の庇護下にいたが、のちに織田信長の家臣となり、足利義昭の上洛に尽力。元亀2(1571)年、信長より近江坂本城を与えられる。天正3(75)年からは丹波攻略に従事し、亀山城を獲得。同10(82)年、謀反を起こし信長を討つが、羽柴秀吉に山崎の戦いに敗れて逃走。その途中、農民に殺された。

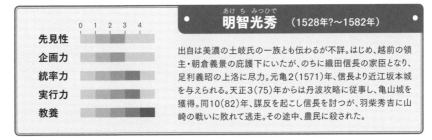

筒井順慶

本当に洞ヶ峠で日和見を決め込んだ？

新説

家臣団の考えがまとまらず、居城から動くに動けなかった

斎藤道三や武田信玄のように、戦国大名が出家した例は珍しくはない。**大和《やまと》の筒井《つつい》順慶《じゅんけい》はそれとは若干事情が異なり、僧侶にして僧兵でありながら、なおかつ武士団の棟梁を兼ねていた。**

順慶の祖先は興福寺の衆徒《しゅと》であったが、南北朝の動乱期に僧籍に身を置いたまま武士化して、順慶の父の順昭《じゅんしょう》の代には大和一国の平定にほぼ成功した。

けれども、順慶への代替わりに乗じて他の国衆や衆徒集団の大半が反旗を翻《ひるがえ》し、順慶はしばらく雌《し》伏《ふく》の時を余儀なくされた。

やがて、熱心な支持者の後援を糧に大和一国の奪還を目指すが、そこに立ちはだかった最大の障壁は信貴山《しぎさん》城を根拠地とする松永久秀だった。順慶は織田信長に臣従することで状況を打開しようとしたが、大和にこだわる限り、どちらかが滅びないことには対立の根本的な解消は不可能だった。

久秀の滅亡により一件落着かと思われたが、本能寺の変の前夜、思わぬ事が起きた。『多聞院日記』によれば、西国への出陣を直前に控えた状況下、滝川一益《かずます》の与力へと配置換えを内示されたようなのである。これと光秀の謀反が関係するかどうかは不明ながら、順慶は二夜三日御堂に籠《こも》るという不可解な行動に出ている。

本能寺の変に続く山崎《やまざき》の戦いでは、**順慶は洞《ほら》ヶ《が》峠《とうげ》から動かず、戦の成り行きを傍観したといわれてきたが、実際の順慶は家臣たちの意思統一に手間取り、郡山《こおりやま》城から動けずにいた。出陣を促すため洞ヶ峠まで出てきたのは光秀のほうだった。**

山崎の戦いで明智光秀を裏切った筒井順慶

●光秀があてにしていた武将たちの動向

本能寺の変のあと、明智光秀は羽柴秀吉との戦いに臨むにあたり、有力組下大名に加勢を呼びかけた。しかし、呼びかけに応じない者が多く、筒井順慶もその一人だった。

筒井順慶 ➡ **動かず**

光秀は与力で親密な関係だった順慶の加勢を期待したが、順慶は静観。秘密裏に秀吉側に加担することにし、大和郡山城で籠城を決めた、という説もある。

細川藤孝・忠興 ➡ **動かず**

縁戚であった細川藤孝・忠興父子も、順慶同様に、光秀からの応援要請に対し「喪に服す」として剃髪。中立の立場を示すことで、婉曲的に要請を拒んだ。

摂津衆 ➡ **秀吉軍に合流**

（高山右近・中川清秀・池田恒興）

摂津衆が光秀側につくことを恐れた秀吉は、「信長は本能寺での難を逃れ無事」という嘘の情報を流した。光秀が大坂方面を重視しなかったこともあり、摂津衆は秀吉軍へ合流する道を選んだ。

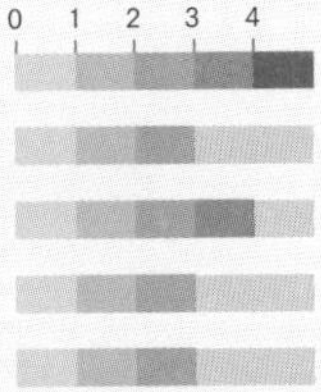

筒《つつ》井《い》順慶《じゅんけい》　（1549年～1584年）

大和筒井城主・筒井順昭の子。父の死により、2歳で家督を継ぐ。永禄2（1559）年、松永久秀により筒井城を追われたが、その後も久秀と攻防を繰り返す。久秀の死後は信長に従い、大和を与えられる。本能寺の変の直後、明智光秀に誘われたが動かなかった。その後、羽柴秀吉に従い、大和を安堵される。小牧・長久手の戦いに参加するが、陣中で病死。

柴田勝家

なぜ秀吉に決戦で敗れたの？

新説

戦場では「鬼」ながら、政争は大の苦手だった

織田信長は能力主義。使えない、用済みと判断した人間は目立った落ち度がなくても容赦なく切り捨てるが、使える人材は背《そむ》いても1度は許す。松永久秀がそうであったように、柴田勝家《しばたかついえ》も尾張時代に信長の弟・信勝《のぶかつ》支持派に属し、信長に刃を向けたが許され、それからは最後まで忠義を貫いた。

政治的な駆け引きはからきし苦手だが、戦場では遮二無二《しゃにむに》に突撃をさせたならば、織田軍団で勝家の右に出る者はなく、「かかれ柴田」の異名を取った。

迷いのない姿勢と行動こそ勝家の真骨頂。そういっても過言でなかったはずが、信長という絶対者がいなくなった途端、勝家は何事によらずぶれ始め、お市の方を妻としてからは、持ち味の切れと厳しさまで影を潜めるようになった。

天正11（1583）年4月、ついに羽柴秀吉《はしばひでよし》との直接対決を迎えるが、**ここで勝家は往年であれば決してすることのない失策を犯す。甥にして片腕とも頼む佐久間盛政《さくまもりまさ》を制御し切れなかったのである。**

盛政は秀吉軍の前衛にあたる大岩山砦《おおいわやまとりで》に奇襲を仕掛け、守将の中川清秀《きよひで》を討取ったのち、勝家からの撤退命令に従わず、同砦に居座り続けた。

それまで勝家が敷いていた布陣は、戦上手の秀吉をしても隙が見出せなかったが、佐久間隊が突出したことで大きな綻びが生じた。

こうなっては勝負ありで、勝家は越前北庄城《きたのしょうじょう》まで敗走して、お市の方とともに自刃《じじん》するが、女人が夫と最期をともにするのは、戦国時代では極めて異例なことだった。

柴田勝家一人負けとなった清洲会議

● 会議によって明暗を分けた４人の家臣

信長の死後、天正10（1582）年6月27日に織田家の継嗣問題及び領地再分配に関する会議が清洲城（尾張国）で開かれた。参加したのは柴田勝家、羽柴秀吉、丹羽長秀、池田恒興の織田家の家臣4人。しかし光秀の首をとった秀吉に主導権を奪われ、秀吉に有利な決定がなされた。

秀吉が推した信長の嫡孫で、まだ3歳の三法師が家督を継ぐことに。会議後に秀吉は三法師の傅役《もりやく》の堀秀政と組み、秀吉陣営を形成した。

秀吉と勝家とが天下を争った賤ヶ岳の戦いでも秀吉に加担。戦いの後、柴田勝家の遺領の越前と若狭および加賀2郡を与えられた。

重臣筆頭として最大の発言権を持っていたが、信長の弔い合戦を主導できず発言力が低下。家臣筆頭の地位も秀吉に奪われた。会議後、秀吉陣営に危機感を覚えた織田信孝・滝川一益と組み反秀吉陣営を構築。その後賤ヶ岳の戦いで秀吉に敗れる。

賤ヶ岳の戦いには参戦していないが、美濃国内にて13万石を拝領し大垣城城主に。徳川家康・織田信雄との小牧・長久手の戦いでも秀吉方として参戦。

柴田《しばた》勝家《かついえ》　（1522年?～1583年）

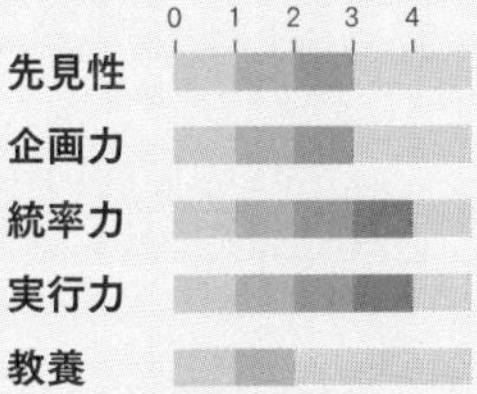

出自は不明。若いころから織田信秀に仕え、尾張愛知郡下社村を領した。信秀の死後、信長の弟・信勝を擁立して信長と対立したが、やがて信長に従った。浅井・朝倉攻めや長篠・設楽原の戦いなどで武功をあげ、天正3（1575）年、越前北庄城を与えられる。本能寺の変後、羽柴秀吉と対立し、同11（83）年の賤ヶ岳の戦いで敗北。北庄城を攻められ、妻・お市の方とともに自害した。

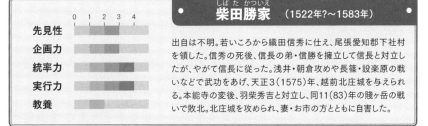

森 長可

なぜ長久手であえなく討死したのか？

新説

奇襲作戦を見抜かれ、待ち伏せ攻撃を受けた

森長可《もりながよし》は織田信長の小姓として名高い森成利《なりとし》（蘭《らん》丸《まる》）の実兄。父の森可成《よしなり》は美濃出身で、早くから信長に仕え、信長の上洛後は近江の宇佐山《うさやま》城に配置されるが、元亀元（１５７０）年９月、浅井・朝倉軍と一向一揆を迎撃しようとして討死。まだ13歳の長可が家督を継承することとなった。

元服後、長可は美濃衆の一人として織田信長の嫡男・信忠の軍団に配属され、天正10（１５８２）年２月の武田氏討伐戦では団忠正《だんただまさ》と並び先鋒を任された。

このとき、さしたる戦闘はなかったが、長可は軍功として、北信濃《しなの》４郡を与えられた。

本能寺の変では難を逃れるが、蘭丸以下３人の弟を失った。しばらく美濃で休養をとったのち、羽柴秀吉に従ったところ、同12（１５８４）年の小牧《こまき》・長久手《ながくて》の戦いを迎える。信長の二男・信雄《のぶかつ》を擁する徳川家康と秀吉との戦いである。

長可は緒戦で家康軍の酒井忠次《さかいただつぐ》隊相手に大敗を喫していたので、汚名返上の機会を狙っていた。

その気持ちを汲んで、小牧の戦いが膠着《こうちゃく》状態に陥ったとき、長可の岳父・池田恒興《つねおき》が力を貸してくれた。裏道を通って家康の本拠地である三河岡崎を突く別動隊の編成と派遣の許可を秀吉から取り付けてくれたのである。

だが、**この作戦は見抜かれており、長可らは「長い湿地帯」を意味する長久手《ながくて》の地で待ち伏せ攻撃に遭い、あえなく討死した。**

長可は鉄砲の一斉射撃を食らい、自慢の槍も活かせずに終わったといわれている。

秀吉と家康が唯一戦った小牧・長久手の戦い

天正12（1584）年、羽柴秀吉と織田信雄・徳川家康連合軍による戦い。森長可は岳父である池田恒興とともに秀吉側につき、討死。最終的に、秀吉と信雄が和議を結び、次いで信雄のすすめで家康も秀吉と和解した。秀吉と家康が唯一戦った戦でもある。

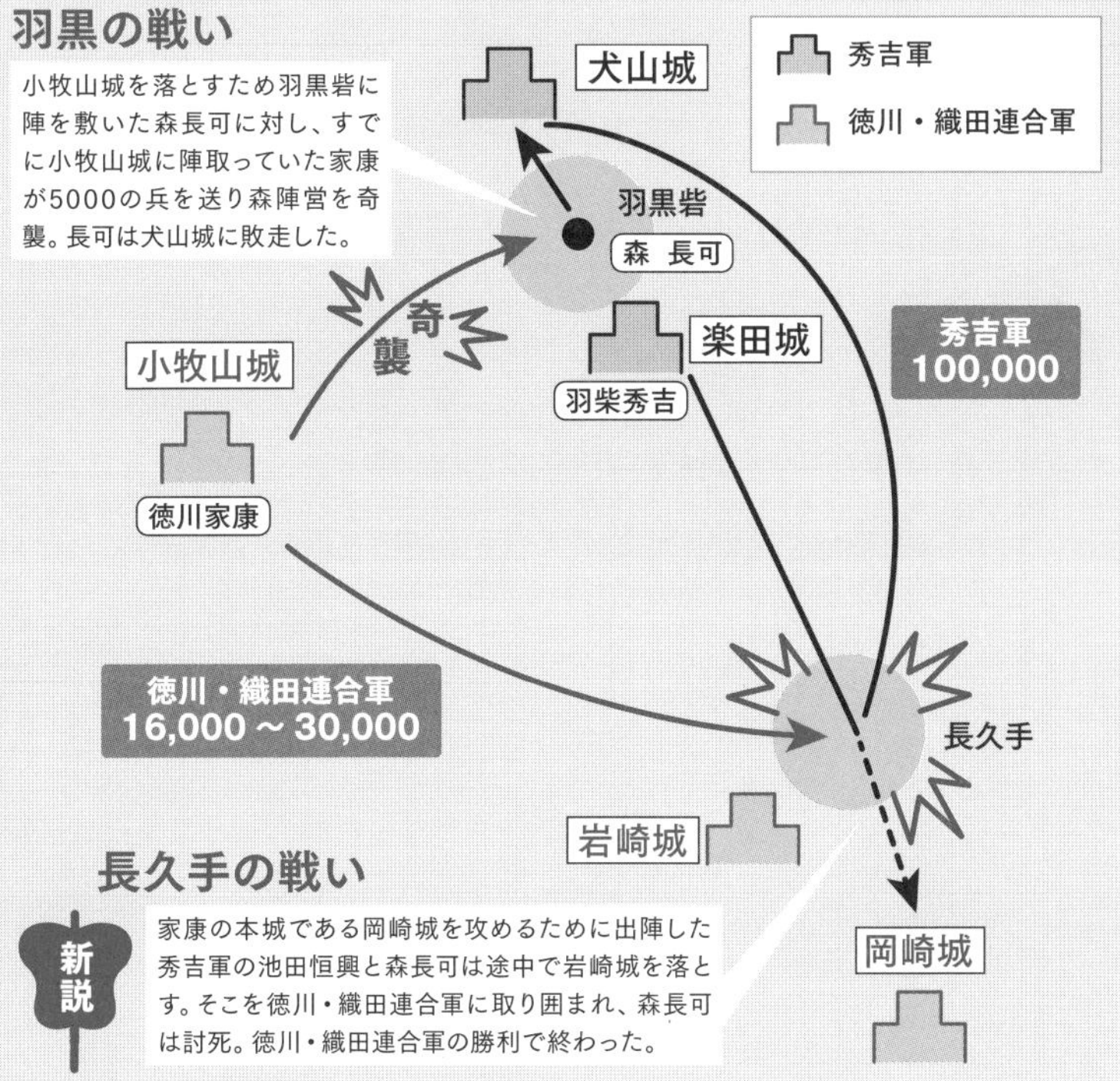

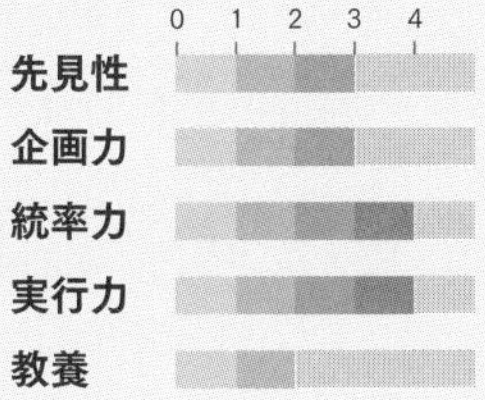

羽黒の戦い
小牧山城を落とすため羽黒砦に陣を敷いた森長可に対し、すでに小牧山城に陣取っていた家康が5000の兵を送り森陣営を奇襲。長可は犬山城に敗走した。
犬山城
秀吉軍
徳川・織田連合軍
羽黒砦

先見性
企画力
統率力
実行力
教養

森《もり》 長可《ながよし》 （1558年～1584年）

織田信長の家臣で、美濃金山城主の森可成の二男。織田軍に属し、各地を歴戦。天正10（1582）年の甲州征討の功によって信濃川中島城主となり、北信の4郡を領した。本能寺の変後、本領の金山城に戻り織田信孝に仕えるが、羽柴秀吉に転じる。同12（84）年の小牧・長久手の戦いでは、徳川家康の本拠三河に攻撃を仕掛けるが、長久手で戦死。

奇襲
楽田城

小牧山城

秀吉軍
100,000
徳川・織田連合軍
16,000～30,000

岩崎城

新説
家康の本城である岡崎城を攻めるために出陣した秀吉軍の池田恒興と森長可は途中で岩崎城を落とす。そこを徳川・織田連合軍に取り囲まれ、森長可は討死。徳川・織田連合軍の勝利で終わった。
岡崎城

3

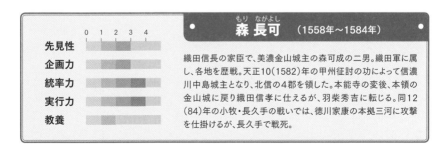

コラム 2

戦国大名と家臣の役割分担

戦国時代の家臣の役割分担は非常に細かく分かれていて、職名も武将によって異なりました。ここでは代表的なものについて、平均的な役職名とその仕事について解説します。

譜代《ふだい》と外様《とざま》		譜代は代々にわたって主君である戦国大名に仕えた家臣。外様は、主君との主従関係が浅い家臣を指す。
家老		重臣のなかでもっとも位が高い役職。家格が高く、優秀な人材が任命された。戦時は部隊のリーダーとして軍勢の指揮を任された。
傅役《もりやく》		武家の子孫の誕生とともにその養育係、側近となる家臣。
近習《きんじゅ》		主君のそば近くに仕えた者の総称。小姓と馬廻りからなる。
	小姓	24時間主君のすぐ側に控えた。
	馬廻り	主君の親衛隊。
右筆《ゆうひつ》		主君の代筆する家臣。書記官のようなもの。武家の書状や文書は、主君が口にした言葉を右筆が記し、本人は花押を記すか、捺印だけした。
目付		敵情偵察や戦功、軍令違反を査察した。平時には家臣らの行動の監視も行ない、すべてを主君に報告した。
奉行		主君の命に従い各種の仕事を取り仕切った。戦国時代では、普請奉行、作事奉行、町奉行などの職名があった。
郡代		領国内の土地台帳の管理や徴税などの行政を司った。
代官		戦国大名の代わりに、地方役人として実務に当たった。主に給人から選ばれ、直轄領の年貢の徴収などを行なった。

第3章

豊臣秀吉と天下統一

本来の姓は「木下」？「羽柴」？

新説 結婚するまで姓を持たない雑兵だった

明智光秀と同じく、豊臣秀吉《とよとみひでよし》も織田信長に仕える前のことが、確かな史料からは認められない。

秀吉の本来の姓は木下《きのした》で、そこから羽柴《はしば》↓豊臣と推移したといわれてきたが、**秀吉の父・弥右衛門《やえもん》には姓がなく、秀吉はおねと結婚したことではじめて、おねの父・杉原定利《すぎはらさだとし》の元の姓である木下を用いた。**

つまり、**結婚が姓を持てる立場になった成り上がりの始まりだったのである。**

低い身分の出身で、個としての武力もはなはだ心もとない。そんな秀吉が異例の速さで出世できたのは、主が織田信長という極端な能力主義者だったからで、もし他家に仕えていたら一生うだつが上がらなかったに違いない。

信長が認めた秀吉の能力とは、並外れた話術にあった。戦国時代において、「人たらしの天才」とまで称された。

説得や切り崩し工作を得意としたことから、柴田勝家や佐久間信盛《さくまのぶもり》、丹羽長秀《にわながひで》といった譜代の重臣たちより効率よく勝利を重ね、織田軍団のなかでも同じく遅参組の明智光秀に次いで2番目に「一国一城の主」となった。

ただし、秀吉の出世の影に優秀な補佐役が複数存在したことを見逃してはならない。

黒田官兵衛《くろだかんべえ》のような策士、裏方一切の補佐役を務めた弟の秀長、さらには石田三成《いしだみつなり》に代表される吏《り》僚《りょう》たち。**秀吉は加藤清正《かとうきよまさ》や福島正則《ふくしままさのり》のような子飼いの武将と並んで、三成のような文治に優れる人材を見出し、存分に力を発揮させた。**

豊臣秀吉を天下人にした中国大返し

● 備中高松城の戦い

天正10(1582)年、秀吉は毛利氏配下の清水宗治の守備する備中高松城を攻撃。秀吉の水攻めによる包囲から約2カ月後の6月4日に和睦が成立。本能寺の変の2日後のことだった。

● 秀吉の「中国大返し」行程

清水宗治の自決を見届けた秀吉軍はすぐさま東帰を開始。山城山崎までの約200kmを7日で走破し明智光秀を倒す。この「中国大返し」で秀吉は天下人となった。

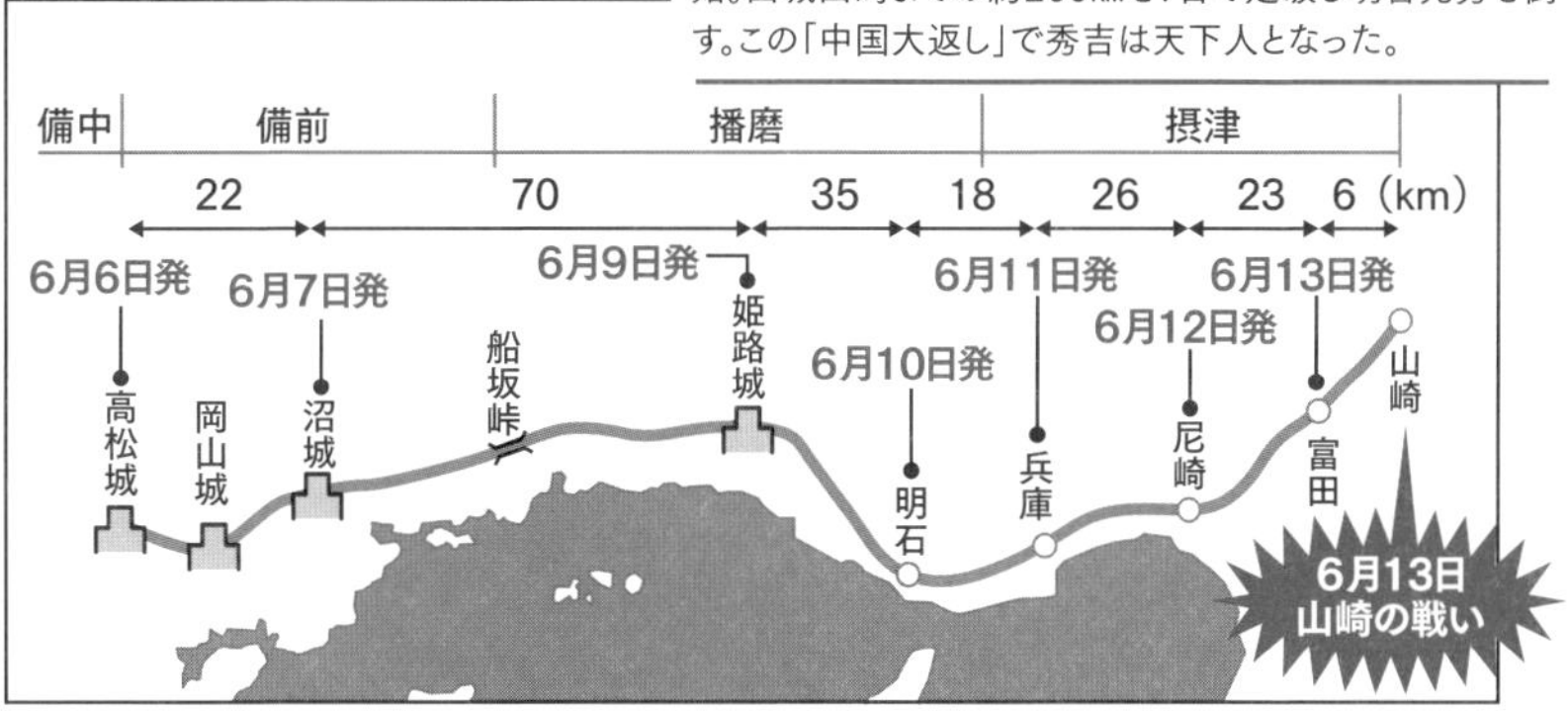

優れた眼力と思い切った人材の抜擢。これまた秀吉の大出世を可能にした要因だった。

なかでも弟の秀長の存在は大きく、秀長の存命中は秀吉に目立った失政はなかった。秀長の病死は、秀吉にとって大きな痛手だったといえよう。

● 信長の後継を勝ち取った中国大返し

もちろん、秀吉による天下統一は織田信長による地ならしがあってはじめて成立し得たものだった。

本能寺の変が起きたのち、誰が信長の後継者となるかは流動的だったが、信長の仇討《あだ》ちをした者が優位に立てるのは自明だった。

北陸で上杉景勝と対峙する柴田勝家、上野《こうずけ》で北条軍と対峙する滝川一益は背後を突かれる恐れがあるため動くに動けず、四国攻めを命じられていた神戸《かんべ》信孝《のぶたか》・丹羽《にわ》長秀《ながひで》も摂津・和泉で兵の集結に手間取っている。

動くに動けないのは、備中高松城を包囲しながら、毛利軍と対峙中の秀吉も同じだった。

しかし、高松城の兵糧がすでに尽きていたことが幸いして、秀吉は毛利側に信長の死を知られる前に停戦合意を得ることに成功した。

そして、城主・清水宗治《しみずむねはる》の自刃を見届けるや、ただちに撤退を開始した。俗にいう**「中国大返し《ちゅうごくおおがえし》」**である。

これは万単位の人の移動としては驚くべき速さで、完全に明智光秀の意表を突いた。

その速さを可能にしたのは、信長を備中に迎えるため進めていた道路の整備にあった。

さすがは「人たらしの天才」というべきか、秀吉は中国遠征の総仕上げを信長の直接指揮で行なわせようと、さして困ってもいないのに援軍の派遣と信長自身の出馬を要請していた。1番おいしいところを信長に捧げようとの心遣いである。

道路の整備は信長が進軍しやすいようにとの配慮からで、単純に道幅を広げるだけでなく、適当な間隔で馬休めの溜まり場を設けるなど、微に入り細を穿《うが》ったものだった。

この道こそが、結果として、秀吉にとっての天下人への道となったのだ。

豊臣秀吉の天下統一

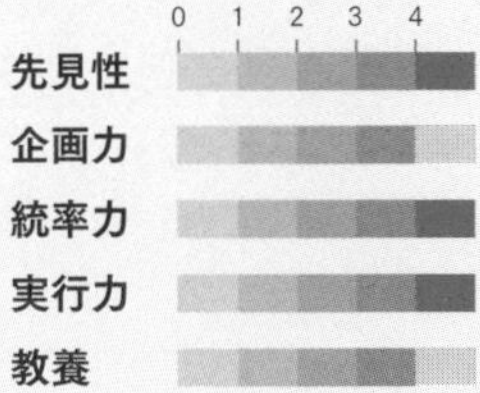

豊臣秀吉《とよとみひでよし》（1537年～1598年）

尾張の貧しい百姓・弥右衛門の子とされる。18歳ごろから織田信長に仕えて重用され、本能寺の変後は明智光秀や柴田勝家を破り、後継者の地位を獲得。天正11（1583）年、壮大な大坂城を築城。同13（85）年には関白豊臣を賜り、翌年太政大臣となる。四国、九州、関東、奥州を平定して全国統一を果たし、大規模な検地、刀狩りを実施。晩年は朝鮮出兵を断行するが、失敗に終わる。

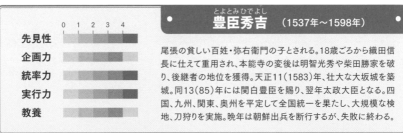

大友宗麟（義鎮）

どうして九州の「三強」になれたのか？

明との貿易で得た膨大な富を後ろ盾に

豊後《ぶんご》の大友宗麟《おおともそうりん》はキリシタン大名の代表格だが、宗麟がキリスト教に帰依《きえ》したのは、はじめてイエズス会宣教師と接してから30余年後のことだった。

宣教師を優遇しながら、その教えには一切関心を持たない時期が長く、宗麟が惹かれたのはポルトガルとの南蛮貿易から得られる莫大な富だった。ただ、カトリックの守護者を自認するポルトガルとイエズス会が表裏一体であったことから、イエズス会に布教活動を許すなど、特別な配慮を与えていたようだ。

大友氏は前から、明《みん》および朝鮮との交易に熱心で、交易によりもたらされる利益を欠かすことのできない財源としていた。豊後は貿易立国だったのだ。

宗麟が豊後大友氏の当主となったのは天文19（１５５０）年のこと。本来であれば、父の義鑑《よしあき》から長男の彼にすんなり家督が譲られるところ、義鑑が末子の塩市丸《しおいちまる》を溺愛したことから重臣間で不穏な空気が生じ、宗麟自身は関与していないが、「二階《にかい》崩《くず》れの変」と称される惨劇を経て、宗麟が家督と豊後・肥後・筑後3カ国の守護職を相続することとなった。

さらに永禄2（１５５９）年までに肥前・豊前・筑前の守護職と九州探題の肩書をも兼ね、**島津義久《しまづよしひさ》と龍造寺隆信《りゅうぞうじたかのぶ》と3人で九州を3分するまでになった。豊後府内は堺に匹敵する貿易都市に成長する。**

宗麟の統治はすべて順調かと思われたが、宗麟自身がキリシタンとなった矢先、島津軍相手の高《たか》城《じょう》・耳川《みみかわ》の戦いで大敗を喫してからは神の加護も空しく逆風続きで、衰退の一途を辿ることとなった。

大友宗麟の勢力拡大図

主君と家臣が戦った「二階崩れの変」という壮絶なお家騒動を経て家督を継いだ宗麟は、筑後、豊後、肥後の守護職を相続した。その後、北九州を狙う毛利氏との争いを続けながら、一方で政治力を発揮し、肥前と筑前、豊前の守護職を勝ち取る。しかし、大友氏の版図の拡大もそれが限界だった。

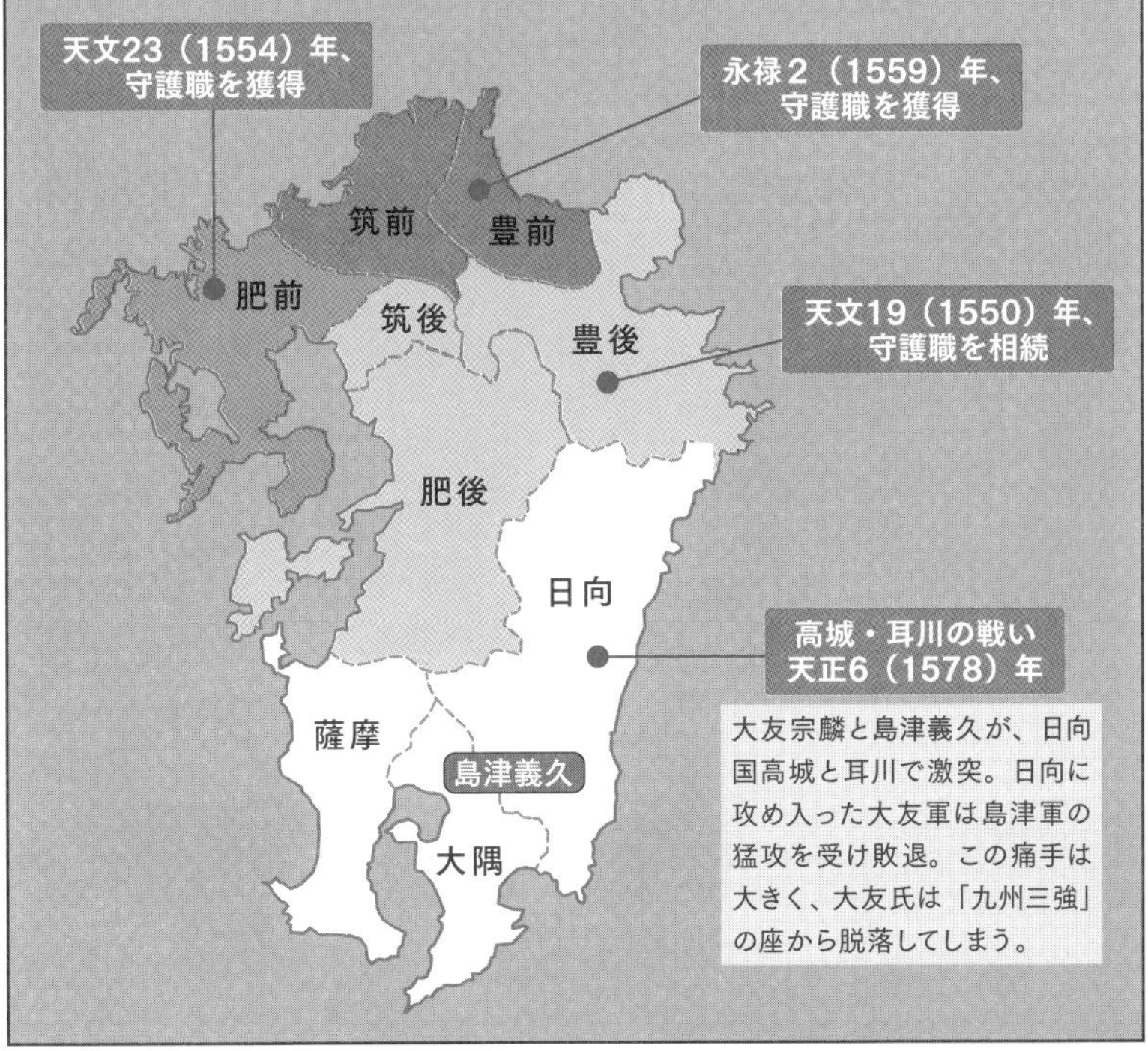

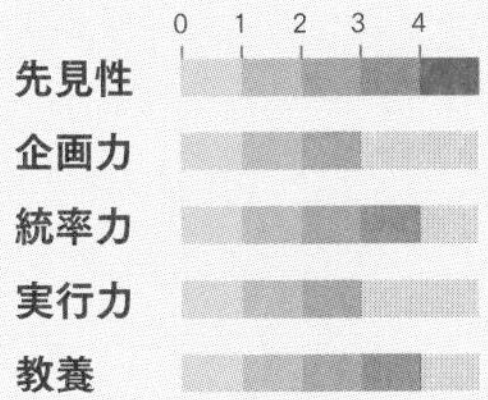

天文23（1554）年、
守護職を獲得
永禄2（1559）年、
守護職を獲得

先見性
企画力
統率力
実行力
教養

大友宗麟《おおともそうりん》(義鎮《よししげ》)　(1530年〜1587年)

豊後守護・大友義鑑の子。天文19(1550)年に家督を継ぐと、海外貿易により築き得た経済力と巧みな外交で版図を拡大し、永禄2(59)年までに九州6国の守護となる。天正6(78)年、高城・耳川の戦いで島津軍に大敗して以後、家臣団の分裂、動揺が激化。同14(86)年の島津軍による豊後進攻の際は、豊臣秀吉に救援を求めた。大友氏の衰退を防げぬまま、58歳で病死。

日向

天正6（1578）年
薩摩
島津義久
大隅
大友宗麟と島津義久が、日向国高城と耳川で激突。日向に攻め入った大友軍は島津軍の猛攻を受け敗退。この痛手は大きく、大友氏は「九州三強」の座から脱落してしまう。

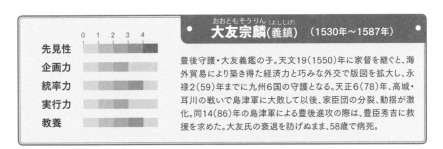

龍造寺隆信

兵の数で勝りながら、なぜ敗死したのか？

島津軍の得意戦術「釣り野伏」に敗れた

龍造寺《りゅうぞうじ》氏は肥前《ひぜん》の一地方勢力。隆信《たかのぶ》は家督相続から縁遠いと見なされ、7歳のときに出家する。しかし、隣接する少弐《しょうに》氏の手で一族の多くが謀殺されたことから、思いがけず還俗させられ、20歳で龍造寺氏の惣領《そうりょう》となった。名前の「隆」の字は周防《すおう》の大内義隆《おおうちよしたか》からもらったものである。

主君の大内義隆が陶晴賢《すえはるたか》の下剋上で倒れたとき、隆信も居城である佐嘉《さが》城を追われたが、2年後、陶晴賢を倒した毛利元就と結び、永禄2（1559）年には仇敵である少弐氏を滅ぼすことに成功した。

時に九州北部では大友宗麟の勢力拡大が著しく、その矛先は肥前にも向けられた。

兵の数では圧倒的に劣る龍造寺側は佐嘉城に籠《こ》もり、なかなか策を決められずにいたが、隆信の母・慶誾尼《けいぎんに》から檄を飛ばされるや腹を決め、重臣の鍋島《なべしま》信昌《のぶまさ》（直茂《なおしげ》）に命じ、今山《いまやま》に陣を構える大友軍に対して夜襲を敢行させた。結果は、龍造寺軍の圧勝。これに勢いを得た隆信は宗麟と有利な条件で和睦を結び、後顧《こうこ》の憂いを断った上で有馬晴信を降伏させ、天正6（1578）年には肥前一国をほぼ統一することに成功した。

その後も破竹の勢いは続き、「五州二島の太守《たいしゅ》」と称され、大友宗麟と島津義久と3人で九州を3分するまでになるが、それが限界でもあった。

隆信は天正12（1584）年の沖田畷《おきたなわて》の戦いで島津義久に兵の数で大きく勝りながら、**島津が得意とする「釣《つ》り野伏《のぶせ》」の戦術に嵌《は》められ、あえなく命を落とす結果となった。**

龍造寺隆信の最期「沖田畷の戦い」

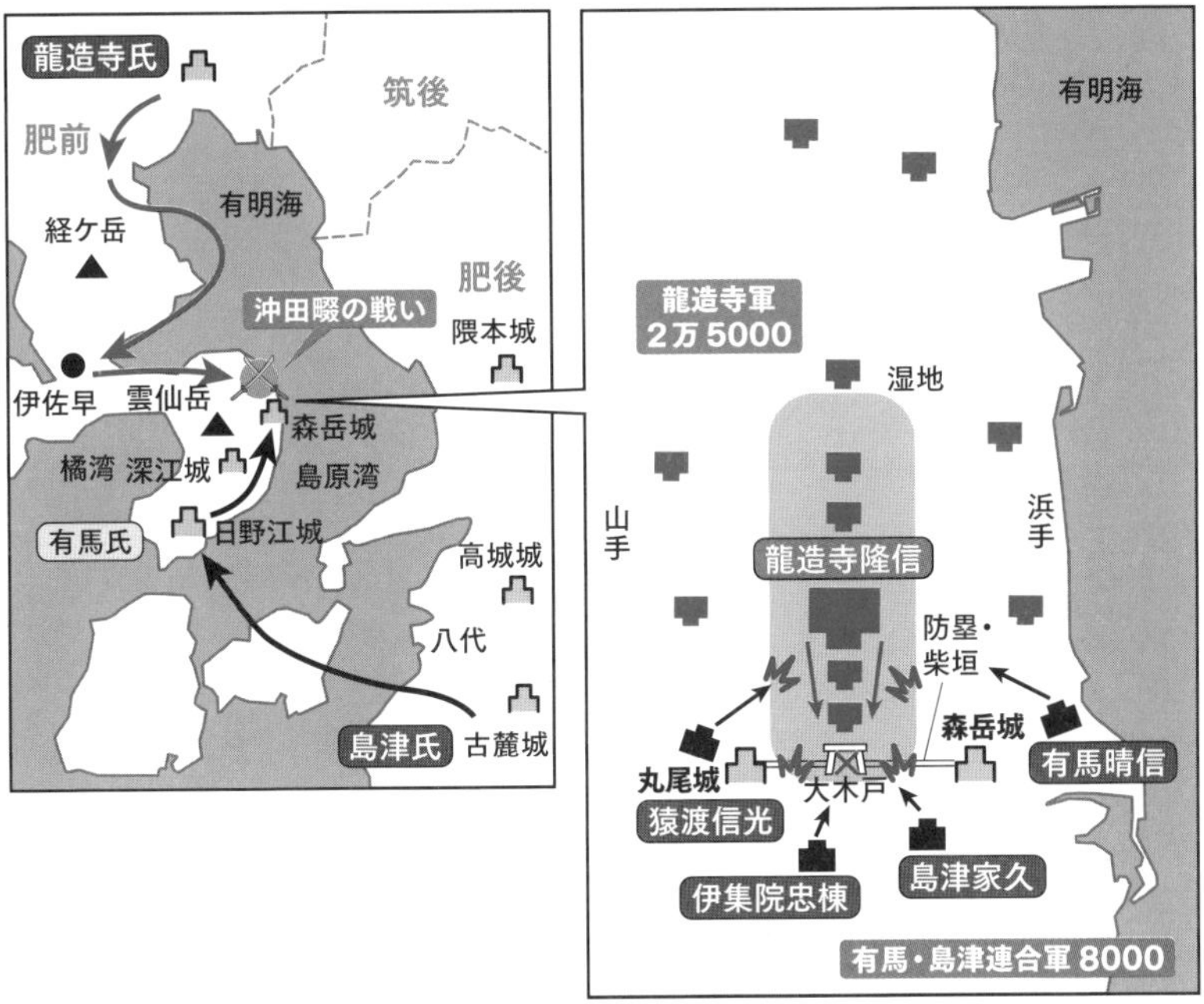

● 隆信を嵌めた島津の「釣り野伏」

まず島津の先鋒部隊と龍造寺軍が衝突。圧倒的に数で劣る島津軍は早々に敗走。それを追う龍造寺軍。ところが、これこそが島津軍の得意戦術「釣り野伏」だった。島津軍は沖田畷へと龍造寺軍を誘い込んだのだ。「畷」とは田んぼのあぜ道のことで、田植えの季節であったこの時期は一面が湿地帯と化していた。道が狭い上に湿地であることで、龍造寺の大軍が渋滞を起こしたところに待ち伏せていた有馬・島津連合軍に鉄砲や大砲で総攻撃を加えられ、龍造寺軍は壊滅。この戦いで隆信は首を取られた。

龍造寺《りゅうぞうじ》隆信《たかのぶ》（1529年～1584年）

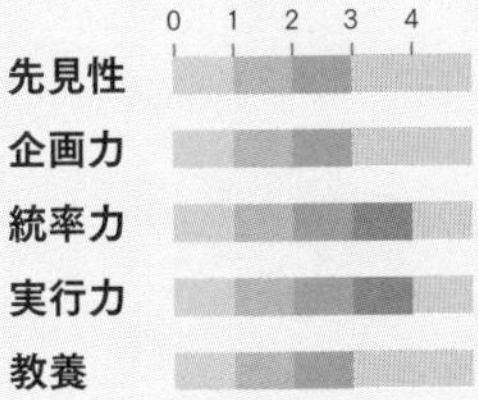

肥前水ヶ江城主・龍造寺周家（ちかいえ）の子。幼少で出家したが、父と曾祖父の没後、還俗して龍造寺本家の家督を継ぐ。天文19（1550）年、大内義隆と結び、主家・少弐氏と対抗。家臣の謀反で、一時筑後に逃れるが、やがて佐嘉城を奪回。少弐氏、有馬氏、大友氏を破って天正6（78）年には肥前の大部分を平定。同12（84）年、島津・有馬連合軍の侵攻を受け、戦死。

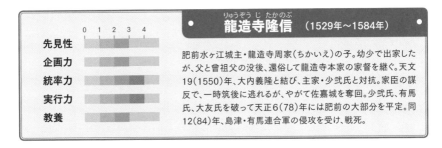

長宗我部元親

秀吉軍の上陸前に四国を統一していた？

新説 四国統一はあと一歩
完成に及ばなかった

全国的に戦国大名の淘汰《とうた》が進むなか、四国の土佐《とさ》ではいまだ群雄割拠《ぐんゆうかっきょ》の混戦状態が続いていた。そのなかで頭一つ抜け出そうとしていたのが本山《もとやま》氏と長宗我部《ちょうそかべ》氏の二氏だった。

長宗我部国親《くにちか》の長男・元親《もとちか》は、幼少時は色白で口数も少なかったため、陰では「姫若子《ひめわこ》さま」と呼ばれていた。成長してからも「槍の持ち方も知らないうつけ者」と陰口を叩かれ、初陣《ういじん》は22歳と、当時としては異例な遅さとなった。

ところが、**いざ戦場に臨むと、戦いぶりも采配《さいはい》も素晴らしく、家臣たちの元親を見る目はたちまち１８０度変わった。**

永禄３（１５６０）年の父の死を受け、家督を継いでからも快進撃は止まらず、天正２（１５７４）年に土佐一国の平定を成し遂げると、伊予《いよ》・讃岐《さぬき》・阿波《あわ》へも兵を進め、四国全土の統一を目指した。

元親の快進撃を支えたのは、一つには一領具足《いちりょうぐそく》と称される兵農未分離の野武士で、また一つには商品作物の栽培や木材による「外貨の獲得」だった。米と馬以外、売れるものはすべて売る。国内での消費を許さず、樹木の勝手な伐採や筍《たけのこ》採りさえ禁止という徹底ぶりだった。

織田信長が対四国政策を大転換させたため、同10（１５８２）年には討伐の対象とされたが、本能寺の変が起きたため難を逃れた。**その後も四国統一に邁進するが、あと少しというところで羽柴秀吉の討伐を受け**、同13（１５８５）年に降伏。**その翌年、嫡男・信親を島津攻めで失ってからは精彩を欠いた。**

名君と呼ばれた長宗我部元親

土佐の一国人にすぎなかった長宗我部氏は元親一代で、土佐を統一。一躍内外に名を馳せ、四国全土の統一まであと1歩というところまで達した。元親は治世においても優れた能力を発揮し、土佐を四国最強の国に育て上げた。その業績をいくつか紹介しよう。

●外貨の獲得

土佐国は山林が多く、耕地が少ないため、石高は9万8000石ほどしかなかった。そこで換金性の高い産物の保護育成を行ない、漆、綿、茶、芋、大豆、小豆、桑などの産物の栽培を奨励した。また木材産業に力を入れた。当時、全国で城や城下町の建設ラッシュで、土佐の材木が高値で取引されていた。

●屈強な一領具足

一領具足とは、わずかな領地で農業に従事しながら、戦の際には鎧1領・馬1頭で戦う野武士をいう。考案したのは元親の父・国親であったが、積極的かつ効率的に運用したのは元親だった。領民も長宗我部氏を慕い、関ヶ原の戦い後に土佐の新領主となった山内一豊の支配を拒み、何度も反乱を起こした。山内一豊は彼らを「郷士」と呼び、帯刀を許すことでなだめた。坂本龍馬は郷士の子孫。

●土佐神社の再建

長宗我部氏居城の岡豊城を本山氏が侵攻した際、土佐神社社殿も焼失した。元親は永禄10(1567)年から社殿再建に着手し、元亀2(1571)年に現在の本殿・幣殿・拝殿(いずれも国の重要文化財)が完成。

●家臣教育

元親は自身の後継者だけでなく、家臣の子どもの教育にも熱心だった。城下に子どもたちを集め、手習いや算術を教えさせていたといわれている。

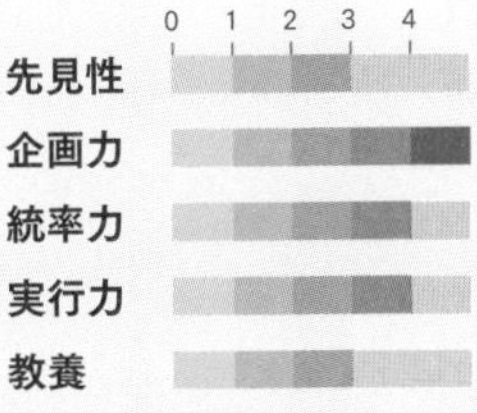

長《ちょう》宗《そ》我《か》部《べ》元《もと》親《ちか》（1539年～1599年）

土佐岡豊城主・長宗我部国親の長男。永禄3(1560)年、家督を継ぐ。領内の有力国人たちを従えて領地を拡大し、天正13(85)年には四国平定を視野に捉えながら、豊臣秀吉に攻められて降伏。土佐一国を安堵されたが、その後、豊臣軍に加わり、九州攻め、小田原攻め、朝鮮出兵に出陣し、疲弊した。晩年は「長宗我部元親百箇条」を著すなど、領内、家内の統制に心を砕いた。

宇喜多直家

どうやって下剋上を成功させたのか？

——暗殺と裏切りで成し得た

下剋上《げこくじょう》の世では謀略による失脚・追放劇は珍しくないが、備前の宇喜多直家《うきたなおいえ》ほど謀殺《ぼうさつ》を繰り返した人物は他にいない。

16世紀初頭、備前の守護は赤松氏が、守護代は浦上《うらがみ》氏が務め、宇喜多氏は浦上氏に仕えていた。

守護代の浦上村宗《むらむね》が主君の赤松義村《よしむら》を謀殺したのが大永元（1521）年のことで、村宗は享禄4（1531）年に細川晴元との戦いで討死してしまう。

その後、村宗の2人の子、政宗《まさむね》と宗景《むねかげ》が家督争いを演じるなか、にわかに台頭したのが宗景に仕える宇喜多直家だった。

重臣とはいえ、直家の序列は中山信正《のぶまさ》と島村観阿《かんあ》弥《み》に次いで上から3番目。**直家はこの2人を同時に抹殺することで重臣の筆頭に躍り出るのだが、中山信正は妻の父であったから、親族を手にかけたことになる。**

永禄12（1569）年には**浦上宗景に公然と反旗を翻し、備前一国をほぼ手中にした**のち、備中への進出を視野に入れた直家は国境に近い岡山城を手に入れるべく、城主の金光宗高を謀殺する。

それからは宗景の外交を踏襲《とうしゅう》して、備中の三村元親と戦うため、東方への進出を目論む毛利輝元と結び、**天正3（1575）年には自身の目論み通り、備中・美作《みまさか》への勢力拡大に成功した。**

しかし、織田信長の勢力が播磨から備前に伸びてくると、従来のやり方では太刀打ちできないものと悟り、おとなしくその軍門に降ることにした。幸いにして彼の子・秀家は秀吉のお気に入りとなった。

宇喜多直家の謀殺人物相関図

宇喜多直家といえば梟雄として名高い。実の弟すら兄と会うときは鎖帷子を身につけていたという逸話が残っているほどで、実際に姉や娘の夫をことごとく謀殺している。一方で備中の三村家親・元親親子を攻めるために、遠く離れた安芸国の毛利氏と手を組み、「遠交近攻」の策を施すなどの戦略家としても優れていた。

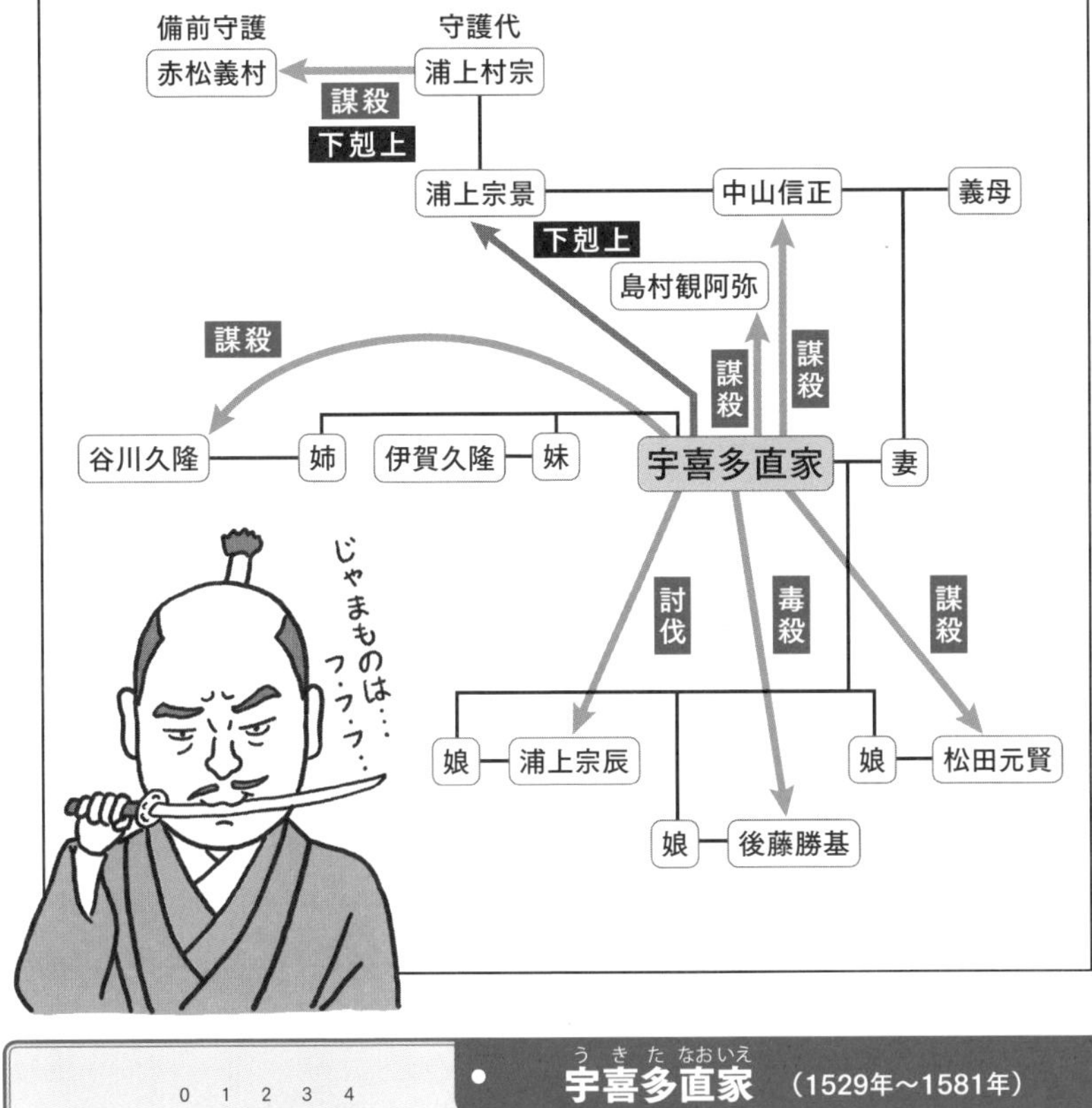

宇《う》喜《き》多《た》直家《なおいえ》 （1529年～1581年）

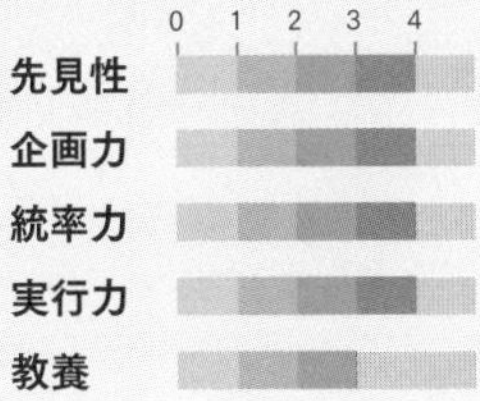

備前守護代・浦上氏の家臣・宇喜多興家（おきいえ）の子。浦上宗景に仕えて戦場で活躍し、備前西南部に勢力を築く。やがて宗景から離反。毛利氏と結んで、三村氏、三浦氏、浦上氏を滅ぼして備前、備中、美作を領有。天正5（1577）年、播磨に侵入してきた織田信長軍と戦って、敗北。その後、信長と和睦して羽柴秀吉に帰順し、毛利氏と交戦。その抗争のさなか、病没。

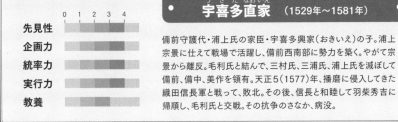

竹中半兵衛（重治）

難攻不落の城を17人で落としたの？

当主の家臣の悪ふざけを諌めるために決行

竹中半兵衛《たけなかはんべえ》は美濃の重臣・竹中重元《しげちか》の子として菩《ぼ》提山城《だいさんじょう》で生まれた。細かな事績は不明ながら、永禄7（1564）年のある事件がきっかけでその名を広く天下に知らしめることとなった。

その事件とは、難攻不落といわれた稲葉山《いなばやま》城をわずか17人で乗っ取ったことをいう。ときに稲葉山城では当主である斎藤龍興《たつおき》の権威を笠に、龍興の寵《ちょう》臣《しん》たちによる悪ふざけが度を過ぎ、家臣らの顰蹙《ひんしゅく》を買っていた。

櫓《やぐら》の上から小便をかけられた半兵衛はその恥辱に報いるべく、刀や槍を長持《ながもち》に入れ、弟の見舞いと称し、**16人の従者とともに城内に入ると、夜闇《やあん》に覆われるのを待って寵臣たちを斬り殺した上、あっけなく城を占領してしまった。**

もとより謀反を起こす気はなく、半年後、すんなり城を返還した上、あらゆる職も辞したが、人材を欲するほかの大名たちがそんな半兵衛を放っておくはずがなく、1番に訪ねてきたのは木下秀吉こと、のちの羽柴秀吉、豊臣秀吉だった。

稲葉山城は織田信長がどうしても落とせなかった城。それを計略により難なく落とした人物であれば、信長が欲しがらないはずはなく、半兵衛にとっても渡りに船だったので、秀吉の与力《よりき》として織田軍団のために働くこととなった。

菩提山城が美濃との国境に近いことから、半兵衛は浅井家家臣に知り合いが多く、織田家家臣となった半兵衛の最初の仕事は切り崩し工作となり、半兵衛は十分期待に応える働きをしたのだった。

竹中半兵衛をめぐる相関図

竹中半兵衛についての歴史的な資料は少なく、現代まで伝わる竹中半兵衛伝説の多くが江戸時代に書かれた軍記物に由来。しかし、城主を諌めるために、弱冠20歳(没年から逆算)にして、わずかの手勢で城を占拠したという逸話は史実であり、竹中半兵衛の武将としての能力の高さを示す好例。

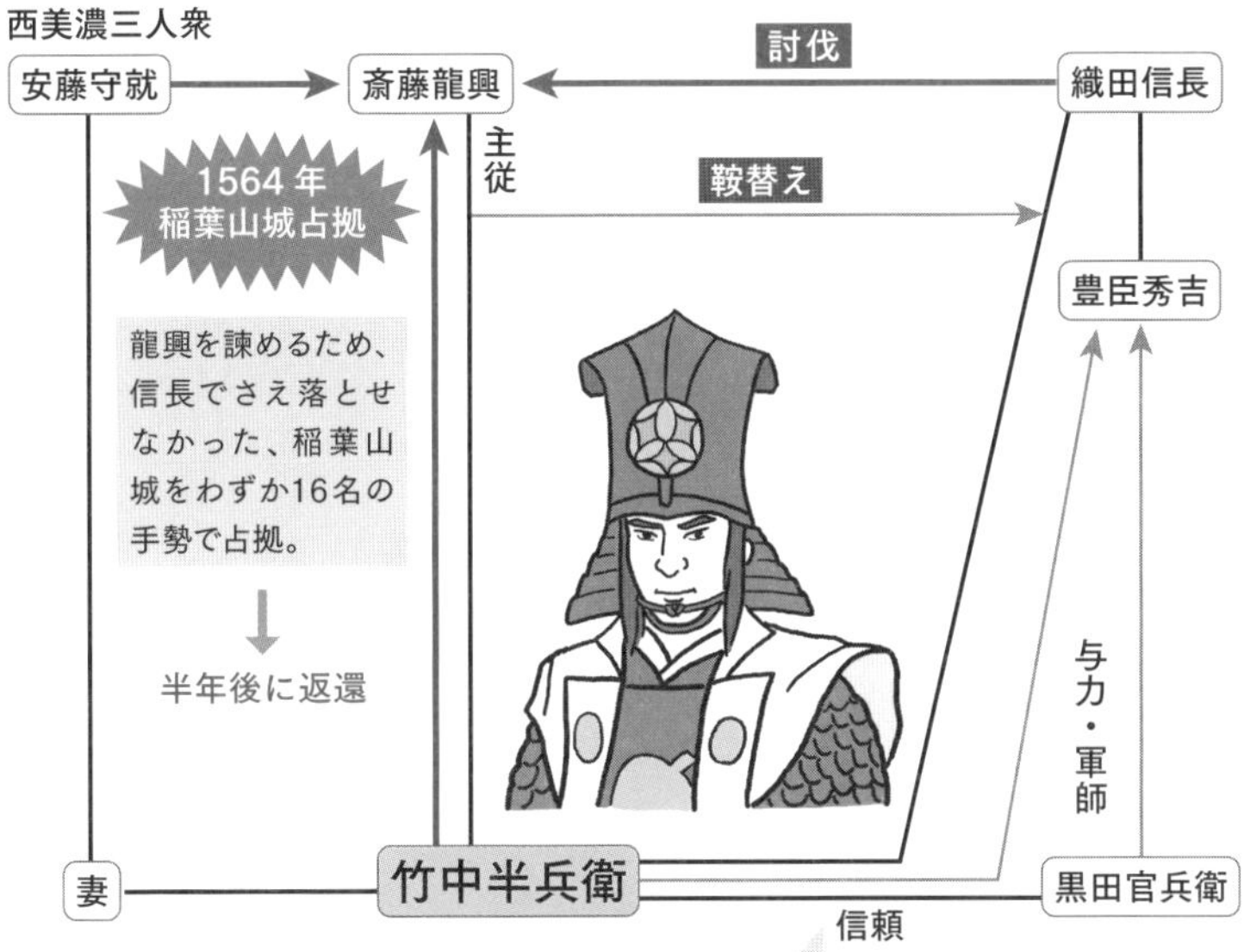

黒田官兵衛が信長から寝返りを疑われ、嫡男が殺されそうになったとき、半兵衛は嫡男を庇い、黒田家を滅亡から救った。以後、黒田家は竹中家の家紋を用いるようになった。

竹中半兵衛《たけなかはんべえ》(重治《しげはる》)(1544年~1579年)

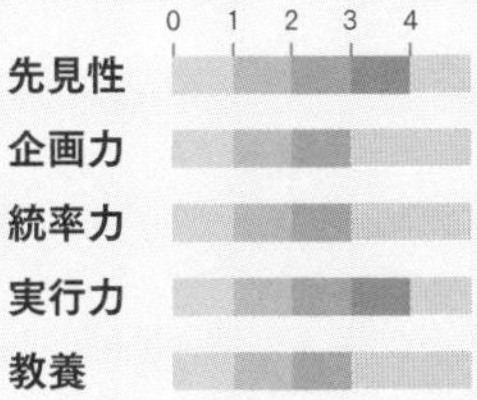

美濃菩提山城主・竹中重元の子。はじめ斎藤家の家臣となったが、永禄10(1567)年、織田信長が斎藤氏を滅ぼすと、信長の家臣となり、ついで元亀元(70)年の姉川の戦いごろからは羽柴秀吉の与力となった。浅井氏家臣の寝返りを画策するなど、謀将として活躍。中国征伐でも手腕を発揮したが、播磨三木城攻めの最中に発病。その陣中で36歳の若さで病没した。

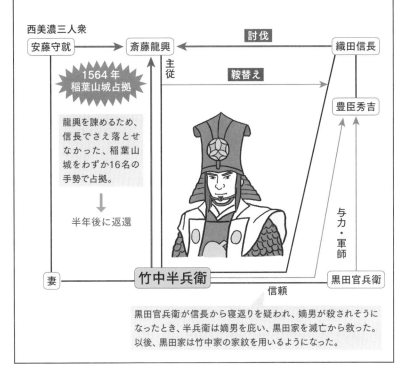

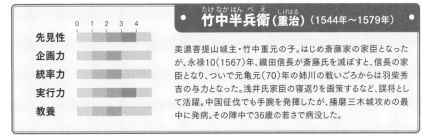

黒田官兵衛（如水）

能力に対して褒章が少なかった？

新説

能力の高さを秀吉が警戒したともいわれる

黒田官兵衛《くろだかんべえ》（如水《じょすい》）は秀吉を天下人に導いた稀代《きだい》の名軍師といわれるが、難しい状況下で次々と繰り出された奇策の大半は、如水の長男・長政《ながまさ》を藩祖とする福岡藩が儒学者の貝原益軒《かいばらえきけん》に命じ、元禄元（1688）年に完成させた藩の正史『黒田家譜《かふ》』によっており、一次史料で傍証《ぼうしょう》できるものは少ない。

とはいえ、如水が秀吉にとって不可欠の謀臣《ぼうしん》であったことは間違いなく、播磨の一城主に仕える家臣のなかから如水という人材を見出した秀吉の眼力は、やはりさすがというしかない。

不覚にも三木《みき》城では1年間にもわたり幽閉されることとなったが、**如水がもっとも得意としたのは調略《ちょうりゃく》でその道では秀吉の上をいっていた。**地縁や土地勘もあるだけに山陽道における活躍は目覚ましく、備中高松城を孤立させ、戦いを終始有利に展開できたのも如水がいたからだった。

備中高松城から姫路城までの約90キロメートルを驚異的な速さで移動した「中国大返し」においても、急な兵糧の手当て可能な人物は、当時の秀吉軍中では如水以外にあり得なかった。小説やドラマによく引かれる『黒田家譜』の内容がそのまま史実でないにしても、**「中国大返し」を成功させた影の主役が如水であるのは間違いなかろう。**

九州攻めと小田原攻めでも調略の才は存分に発揮され、天下統一後、**褒賞として豊前6郡12万石を与えられた。これを少ないと見るか妥当と見るかは見解の分かれるところで、一説には、秀吉が如水を警戒するようになったからといわれている。**

「戦わずして勝つ！」軍師・黒田官兵衛

豊臣秀吉の軍師として竹中半兵衛と並んで「二兵衛」「両兵衛」とも呼ばれた黒田官兵衛は、調略を得意とした。小田原城の無血開城に代表されるように、知恵を使って勝つ道を拓いた。

●官兵衛の調略例

1582年　備中高松城の戦い……官兵衛が船に土嚢を積んで底に穴を開けて沈めるように献策し、成功させたといわれる。

「本能寺の変」で信長死去……毛利側と和睦し、すぐさま明智光秀討伐に向かうことを進言。

中国大返し……途中の兵糧を手当てし、山崎までの約200キロ走破を成功に導く。

1585年　四国攻め……植田城を囮と見抜き、回避。敵将・長宗我部元親の策略を打ち破った。

1586年　九州攻め……豊臣秀長の日向方面陣営の先鋒を務め、調略を発揮し、戦勝に貢献。

1590年　小田原攻め……小田原城に入り、北条氏政・氏直父子を説得し、無血開城させる。

1600年　関ヶ原の戦い……

1）家康と密約し、中津城留守居役となる。金蔵を開き、領内の百姓などに支度金を与え、9000人ほどの速成軍を作り上げた。

2）石田三成の誘いに対し、西軍に与する条件を出して時間稼ぎをし、東へ向かう九州の西軍部隊を素通りさせた。

などなど

●黒田官兵衛《くろだかんべえ》(如水《じょすい》)（1546年〜1604年）

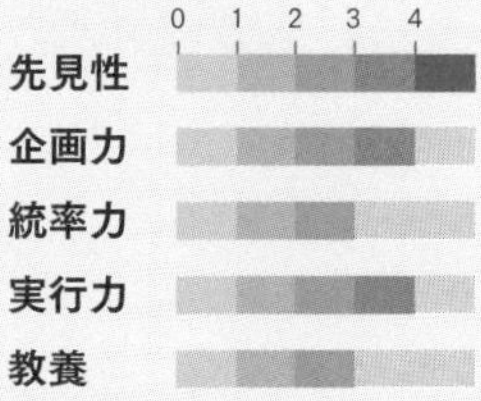

播磨御着城主・小寺政職の家臣・黒田職隆の子。政職に、織田信長につくことを勧め、天正5（1577）年、羽柴秀吉を姫路城に迎えた。以後、秀吉軍の参謀となり、中国、四国、九州攻めなどで活躍。同15（87）年、豊前に領地を与えられる。秀吉死後の関ヶ原の戦いでは、徳川側に加勢した。晩年は、家督を譲っていた子の長政が、筑前を与えられたため福岡に移り住んだ。

細川藤孝（幽斎）

なぜ光秀からの誘いに応じなかったの？

勝敗の行方を見抜き 光秀の負けを予見

家は室町幕府の管領・細川氏の傍流。細川藤孝《ほそかわふじたか》は幕臣であると同時に当代一流の文化人でもあった。

足利義輝《よしてる》が殺害されたときは御所にいなかったために難を逃れる。義輝の弟で、興福寺一条院の門跡《もんぜき》を務めていた覚慶《かくけい》（足利義昭）を救い出し、ともに逃避行を続けたあげく、越前朝倉氏から織田信長のもとへ。義昭とともに京都への生還を果たす。

義昭と信長の対立が高じると、義昭を捨てて信長につき、天正8（1580）年には家督を嫡男・忠《ただ》興《おき》に譲るが、忠興はすでに明智光秀の娘の玉《たま》（ガラシャ）を正室に迎えていた。**光秀とは入魂の間柄でありながら、本能寺の変後、光秀からの誘いに応じず事態の推移を静観。**一方では忠興に命じて、玉を表向き離縁したことにした上、山奥に隔離させた。

義昭と信長の対立時もそうだが、藤孝は**勝敗の行方を見抜く才能をも有していた**のか、関ヶ原《せきがはら》の戦い前夜にも、局所的には周囲が西軍ばかりで孤立する状況下、**東軍の勝利を信じて丹後《たんご》の田辺《たなべ》城で籠城を続けた。**

大半の兵は忠興のもとにいたため、田辺城を守る兵はわずか500余人。対する西軍は1万5000余人からなる大軍であったが、藤孝は1カ月以上持ちこたえた。そうこうするうち、古今伝授《こきんでんじゅ》が途絶えるのは惜しいとして、後陽成《ごようぜい》天皇が双方に勅使を派遣。勅使による仲裁とあれば拒むわけにはいかず、藤孝は降伏に同意して城を明け渡した。

ときに関ヶ原の決戦2日前のことで、1万5000の西軍をくぎ付けにした功績は大きかった。

細川藤孝（幽斎）をめぐる人物相関図

細川藤孝（幽斎）は時代と人を読むことに優れた武将で、重大な岐路のたびに正しい選択をしてきた。関ヶ原の戦いの前哨戦となった田辺城での籠城では、手勢500足らずで西軍の1万5000の兵を2カ月間足止めし、東軍の勝利に大きく貢献した。その際、幽斎を救ったのが、彼の当代一の文化人としての一面だった。

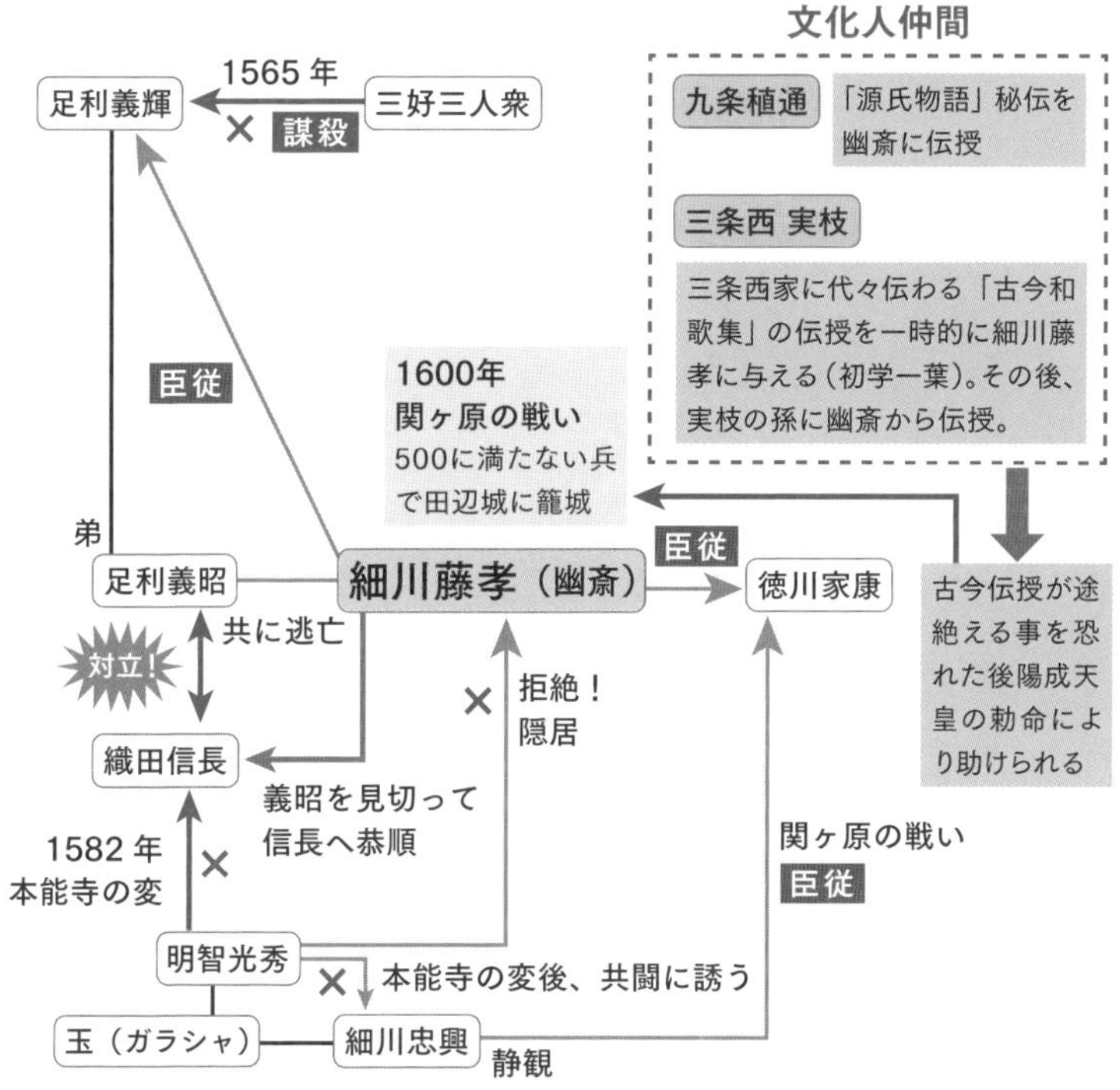

細川藤孝《ほそかわふじたか》（幽斎《ゆうさい》）（1534年～1600年）

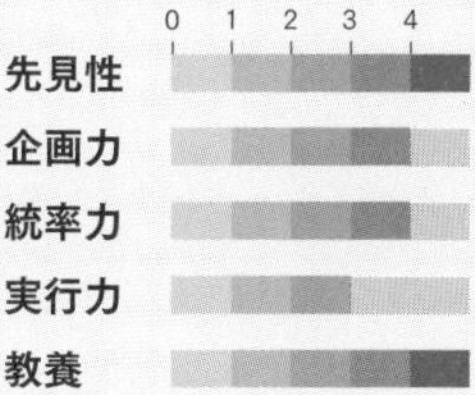

室町幕府重臣・三淵晴員（みつぶちはるかず）の実子だが、細川晴広の養子となる。はじめ足利義輝に仕えたが、義輝の死後、義昭の擁立に奔走。天正元（1573）年、織田信長が義昭を追放した後は信長に仕え、同8（80）年、丹後田辺城主となる。本能寺の変後、家督を子の忠興に譲るが、晩年も豊臣秀吉、徳川家康に仕えた。有職故実、茶道などに通じたため重用された。

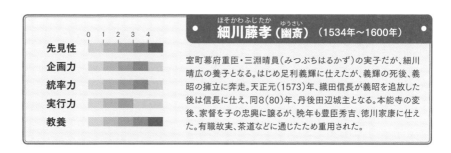

前田利家

どんな功績で加賀百万石を手に入のか？

柴田勝家を裏切ることで手にした

前田《まえだ》利家《としいえ》は尾張《おわり》の出身。「かぶき者」を卒業して織田信長の近習《きんじゅ》となるが、のちの森蘭丸と同じく、利家も信長と男色関係にあったといわれる。

いつの頃からか、木下藤吉郎（のちの秀吉）とは家族ぐるみの付き合いとなるが、出世競争では大きく後れを取る。天正10（1582）年6月頭時点では、秀吉が中国方面軍の総大将を務めていたのに対し、利家は能登《のと》一国を預かるとはいえ、北陸方面軍を率いる柴田勝家の一与力に過ぎなかった。

同11（1583）年4月の賤ヶ岳の戦いに際し、**利家は柴田軍の一員として余呉湖《よごこ》西北の茂山《しげやま》に陣を構えたが、秀吉軍が反転攻勢に出たと見るや勝手に戦線を離脱し、柴田軍総崩れのきっかけを作った。**

おかげで秀吉から咎《とが》められるどころか、本領安堵《あんど》の上に加賀国のうち2郡を加増され、居城も能登の小丸山《こまるやま》城から加賀の金沢城へ移した。

利家は同じく柴田勝家の与力で、賤ヶ岳の戦い時には上杉景勝への備えとして越中に留まっていた佐々《さっさ》成政《なりまさ》とは旧知の間柄。成政も秀吉の軍門に降るが、1年半後の小牧・長久手の戦いの最中、織田信雄・徳川家康の連合軍側に寝返り、利家と直接対決することになった。この戦いは利家の勝利に終わっている。

俗に加賀百万石と称される大藩の礎《いしずえ》は柴田勝家を裏切ることで築かれたともいえそうだが、利家も伊達に出世したわけではない。秀吉亡き後は五大老の一人として、石田三成と反三成派との衝突および徳川家康の専横を抑えるだけの重みを有していた。

前田利家の武勇伝

若い時分「かぶき者」と呼ばれた前田利家は戦でも同様。「槍の又佐」の異名をとるほどの槍の名手で数多くの戦で派手な武勇伝を残している。ちなみに、前田慶次《けいじ》（利益）は兄・利久の養子。血縁はないが、慶次も「かぶき者」と呼ばれ、多くの武勇伝を残している。

● 萱津《かやづ》の戦い（1552年）

15歳での初陣でありながら、自ら目立つように朱色に塗った三間半柄（約6m30cm）の槍を持って首級1つを挙げる功を立て、信長の賞賛を受ける。

● 笄斬《こうがいぎ》り（1559年）

不遜な態度をとった茶坊主を信長の目前で斬殺し出奔。出仕停止を受けていたのにも関わらず、無断で桶狭間の戦いに参加して計3つの首級を挙げるも、帰参は許されなかった。森部の戦いでも無断参戦し、2つの首級を挙げたことで、ようやく信長に帰参を許された。

● 稲生《いのう》の戦い（1556年）

敵方の宮井勘兵衛より右目の下に矢を受けたが顔に矢が刺さったまま敵陣に飛び込み、弓を射た宮井本人を討ち取る功を立てた。

● 大坂本願寺攻め（1570年）

春日井堤での戦いで退却する味方のなかでただ一人踏みとどまり敵を倒す。

前田利家《まえだとしいえ》（1538年〜1599年）

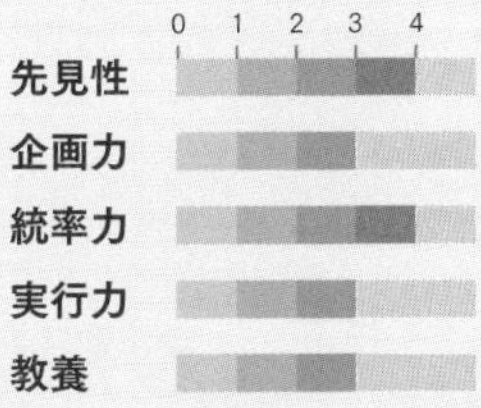

織田氏家臣・前田利昌の四男。幼少から織田信長に仕え、長じてから柴田勝家の与力となり、戦場で数々の功をあげた。天正9（1581）年には能登七尾城を与えられる。信長死後は、羽柴秀吉に仕え、加賀、越中にも領地を得る。五大老の一人として豊臣政権を支え、秀吉の死後は遺児・秀頼を後見した。晩年は、徳川家康と反家康派の間にあって両者の調停に努めた。

小早川隆景

どうして秀吉軍を追撃しなかったのか?

遺恨を生むより恩を売ることを選んだ

毛利元就の嫡孫・輝元《てるもと》を、二男の吉川元春《きっかわもとはる》と三男の小早川隆景《こばやかわたかかげ》の「毛利両川《りょうせん》」が補佐。これに譜代の家臣である福原貞俊《ふくばらさだとし》と口羽通良《くちばみちよし》を加えた「御《ご》四人」が毛利氏を実質的に指導する立場にあった。

軍事面では元春が山陰、隆景は山陽という大まかな分担をしながら、大敵に対しては共同で対処することとし、羽柴秀吉の備中への侵攻はまさしくそれに当たった。

味方の備中高松城は包囲されて久しく、毛利軍はすぐ近くまで到達しながら秀吉軍の堅い布陣に阻まれ、城内と連絡を取り合うことも叶わずにいた。

両軍の睨《にら》み合いが続く状況下、明智光秀から毛利へ放たれた密使が秀吉軍に捕らえられ、本能寺の変の情報が秀吉側にだけ伝わった。

毛利側が信長の死を知ったのは起請文《きしょうもん》を交わし、秀吉軍が撤退を開始した翌日のことで、情報源は雑賀《さいか》衆であった。

すぐに追撃戦を始め、背後を突けば勝利すること疑いなしだったが、隆景は勇み立つ元春をなだめ、追撃行為を一切させなかったという。

墨《すみ》も乾かないうちに起請文を破棄するのはさすがに信義に反する。仮に追撃したところで、最後尾を壊滅させるのが関の山。**大勢を変えられないのであれば、下手に遺恨を生む行為は避け、むしろ秀吉に恩を売るのが得策。隆景にはそのような計算が働いたのではないか。**

この先の展開からすれば、**隆景の判断は極めて妥当だった。**

小早川隆景兄弟の「すべては毛利家のために」

毛利元就は自分の子を養子に出すことで毛利家の守りをより強固にしていった。三男を小早川家へ、二男・元春は吉川家へ養子に出し、両家を乗っ取ってしまう。そして、亡くなった長男・隆元の嫡男・輝元を祖父と2人の叔父で強力に支えることで毛利の血族は守られた。「すべては毛利家のために」の強烈な思いがうかがえる。

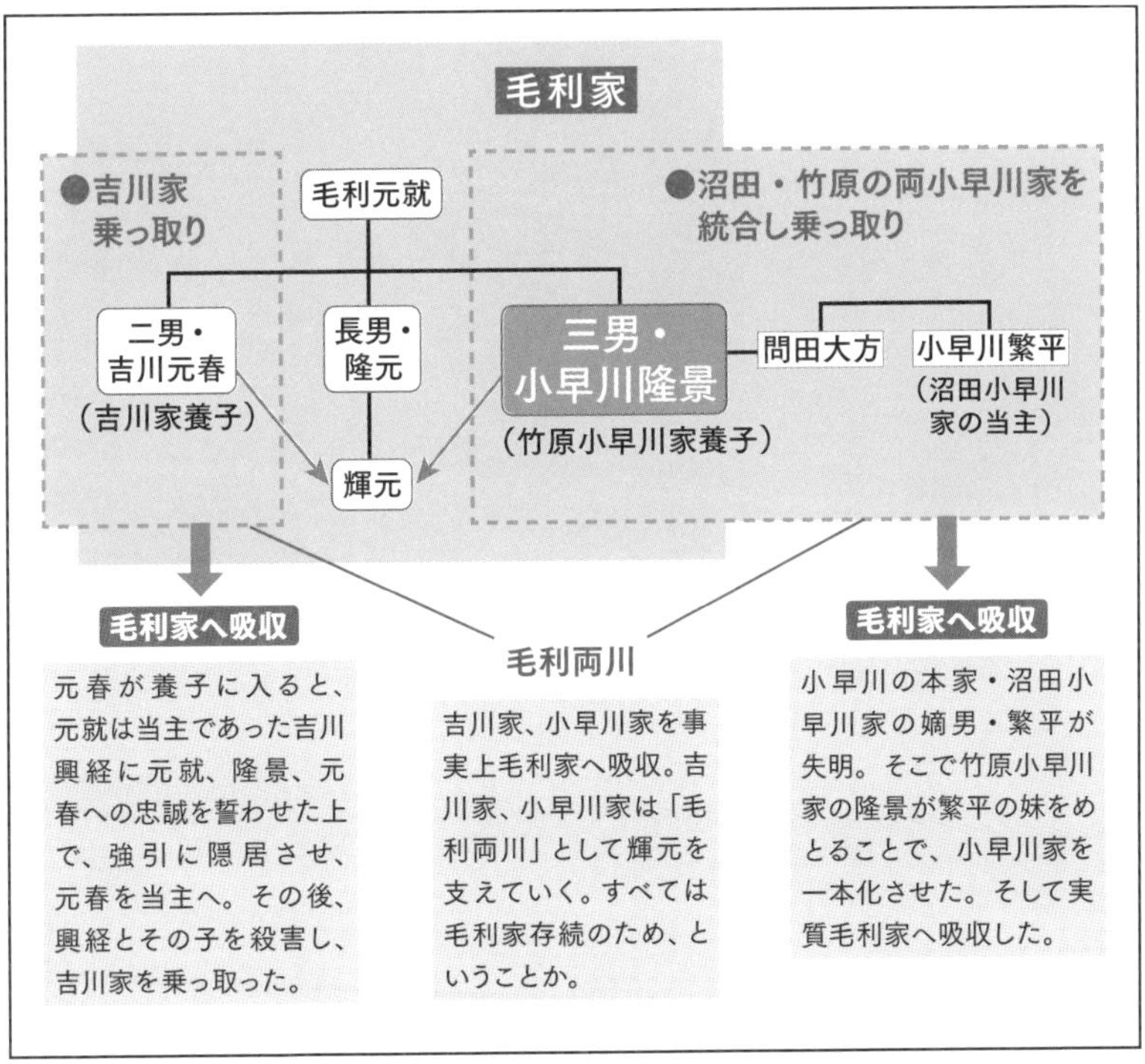

小早川隆景《こばやかわたかかげ》（1533年～1597年）

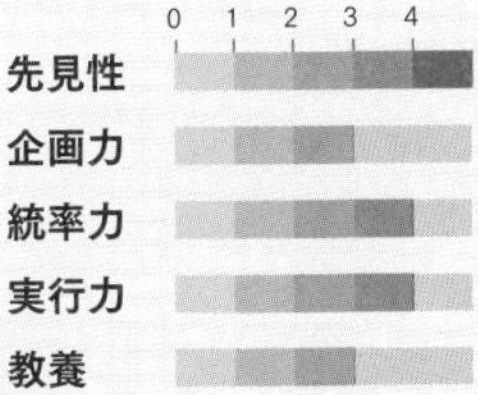

毛利元就の三男。安芸の竹原小早川家の養子となり、さらに沼田小早川家も継ぐ。兄・吉川元春とともに毛利氏の中国平定に尽くした。中国攻めの羽柴秀吉と戦ったが、本能寺の変後に和睦。その後は秀吉に従って、四国、九州、小田原攻め、朝鮮出兵（文禄の役）などに出陣した。文禄4（95）年、豊臣政権の五大老となったが、同年、家督を秀秋に譲って隠退した。

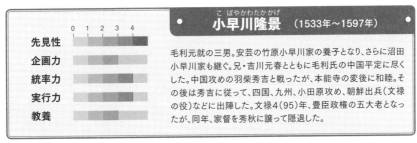

高山右近（重友）

なぜ荒木村重の謀反の際に降伏したの？

肉親の命や地位や名誉より信仰を選んだ

高山右近《たかやまうこん》は摂津出身のキリシタン大名。洗礼名はジュスト。高槻《たかつき》城主として荒木村重《あらきむらしげ》に仕えていたとき、織田信長への謀反に同調するが、信長の意を受けたイエズス会宣教師オルガンティーノの説得を受け、降伏を決めた。

信長からの勧告は、降伏すれば引き続き布教を許可するが、応じなければキリスト教を弾圧するという内容で、**右近は人質として村重の有岡《ありおか》城にいる子や姉妹よりも信仰を選んだかたちだった。**

村重の逃走後、右近は明智光秀の与力となるが、本能寺の変後、光秀ではなく秀吉に従い、山崎《やまざき》の戦いでは中央の先鋒を務めている。

小牧・長久手の戦いや四国攻めなどを経て、天正13（1585）年には明石城主として播磨国に6万石を与えられるが、2年後、九州の平定を終えた秀吉が伴天連《ばてれん》追放令を発したことで右近は人生で第二の岐路に立たされる。宣教師の追放に加えてキリシタンへの迫害も始まり、右近は棄教か改易の二者択一を迫られたのである。

その後は小西行長《こにしゆきなが》、次いで前田利家の庇護《ひご》下、静かに信仰生活を送っていたが、江戸時代になるとそれさえも許されず、慶長18（1613）年に禁教令（キリスト教信仰禁止令）が出されたことから、翌年9月、右近は妻や148人のキリシタンとともに長崎からマカオ、さらにマニラへと追放され、同地で生涯を閉じた。

信仰より富や権力を重んじる生き方は、右近にはできない相談だった。

戦国キリシタン大名・武将

高山右近はその代表的な人物だが、戦国時代、キリスト教に入信した大名や武将は意外に多い。

大友宗麟	洗礼名はドン・フランシスコ。フランシスコ・ザビエルとの謁見でキリスト教と出会い、27年後の1578年に洗礼を受ける。
有馬晴信	洗礼名はドン・プロタジオ。1580年に洗礼を受ける。沖田畷の戦いにおいては、教皇から贈られた「聖遺物」を胸に懸け、「大きな十字架を描いた上に我らの文字で聖なるイエズスの名を記した」軍旗を掲げて戦った。
大村純忠	1563年に日本初のキリシタン大名となる。有馬晴信の叔父。洗礼名はドン・バルトロメオ。死を前に、領内に拘束していた捕虜200名を釈放したと言われている。
高山右近	洗礼名はジュスト（ユスト）。1563年に10歳で洗礼を受ける。家康によって国外追放されマニラに到着したが、わずか40日後に死亡。マニラでもキリシタン大名として知られていたこともあり、マニラ全土をあげて10日間に及ぶ盛大な葬儀が行なわれた。
結城忠正	洗礼名はアンリケ。松永久秀の家臣で、久秀の命でキリシタンを弾圧していたが感化され洗礼を受ける。畿内初のキリシタン武将となる。
小西行長	洗礼名はアウグスティヌス。高山右近の後押しもあって洗礼を受けキリシタンとなる。伴天連追放令で改易された高山右近を庇護。関ヶ原の戦い後、西軍の将とし捕縛されたが、キリシタンであることから切腹を拒否して斬首された。
蒲生氏郷	洗礼名はレオン。高山右近に誘われ、イタリア人宣教師オルガンティーノの説教を聞き感銘を受け洗礼を受けた。高山右近は、氏郷が床で息絶えるまで側に付き添ったという。
内藤如安	洗礼名はドン・ジュアン。松永久秀の弟の子で小西行長の家臣。行長の斬首後、有馬晴信らの助けで加藤清正、前田利家の客将となるが、キリシタン追放令により、高山右近らとともにマニラへ追放され、マニラにて死亡。
黒田官兵衛	洗礼名はシメオン。高山右近や蒲生氏郷らの勧めによってキリスト教に入信。死に当たり、イエズス会に多額の寄付をし、家臣の殉死を禁じた。
織田秀信	洗礼名はペトロ。信長の孫で、幼名は三法師。1595年に入信。熱心なキリスト教信者でありながら寺社の建立を行ない、領内の寺院にしかるべき保護も加えた。

高山右近《たかやまうこん》(重友《しげとも》)（1553年～1615年）

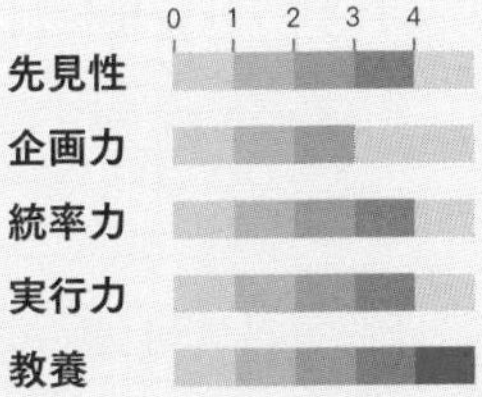

摂津高槻城主・高山図書（ずしょ）の長男。父から家督を継いだ天正元(1573)年、主君・荒木村重に従って織田信長に属した。のちに村重は信長に抗したが、イエズス会宣教師の勧めに従い信長に仕えた。信長死後は羽柴秀吉の家臣となり、播磨に領土を得るが、同15(87)年の禁教令に従わず改易される。さらに、徳川時代の禁教令により国外追放とされ、マニラで死去。

真田昌幸

2度も徳川軍を撃退できたわけは？

兵の数に劣るが地の利と計略によって

真田昌幸《さなだまさゆき》は武田信玄に仕えた真田幸隆《ゆきたか》の三男。甲斐名門武藤《むとう》氏の名跡を継ぎ、武藤喜兵衛尉と名乗るが、長篠・設楽原の戦いで長兄・信綱《のぶつな》と二兄・昌輝《まさてる》が討死したことから真田姓に復し、家督を継いだ。

武田勝頼のもとで西上野の攻略を担い、岩櫃《いわびつ》城と沼田城を預かる身となるが、天正10（1582）年の武田氏滅亡後は目まぐるしく主家を変えたあげく、徳川家康から本領安堵と300貫文の知行宛行《あてがい》の約束を取り付け、上田城を居城とした。

家康と北条氏による頭越しの交渉の結果、北条氏への沼田領引き渡しを求められると、昌幸は主家を改め、上杉景勝に臣従《しんじゅう》した。

家康がこれを放置しておくはずはなく、家臣の鳥《とり》居元忠《いもとただ》・大久保忠世《ただよ》らに大軍を託して上田城を攻めさせるが、**昌幸は兵の数ではるかに劣る部分を地の利と計略で補い、徳川軍の撃退に成功した。**

昌幸はこの戦いの最中、羽柴秀吉に援軍を求めており、戦後は上杉景勝から秀吉のもとへ鞍替え。秀吉の命で家康とも和解し、長男・信幸《のぶゆき》の正室に徳川四天王の一人、本多忠勝の娘を迎えてもいる。

しかし、慶長5（1600）年、上杉攻めに従軍しようと下野《しもつけ》の犬伏まで進んだとき、石田三成からの密書に接すると、信幸と二男の信繁《のぶしげ》を加えた三者で話し合った結果、信幸は徳川方、昌幸・信繁は石田方に付くことにした。

上田城に戻った昌幸は徳川秀忠率いる大軍に囲まれるが、前回同様の戦術で徳川軍を翻弄《ほんろう》。徳川の主力になるはずだった部隊の足止めに成功した。

徳川軍を二度も撃退した上田合戦

第一次上田合戦（1585年）

真田昌幸は徳川軍に2度（1585年・1600年）も上田城を攻められるが、2度とも撃破している。兵の数で圧倒的に不利であったにもかかわらず、戦略によって勝利している。ここでは第一次上田合戦を解説する。

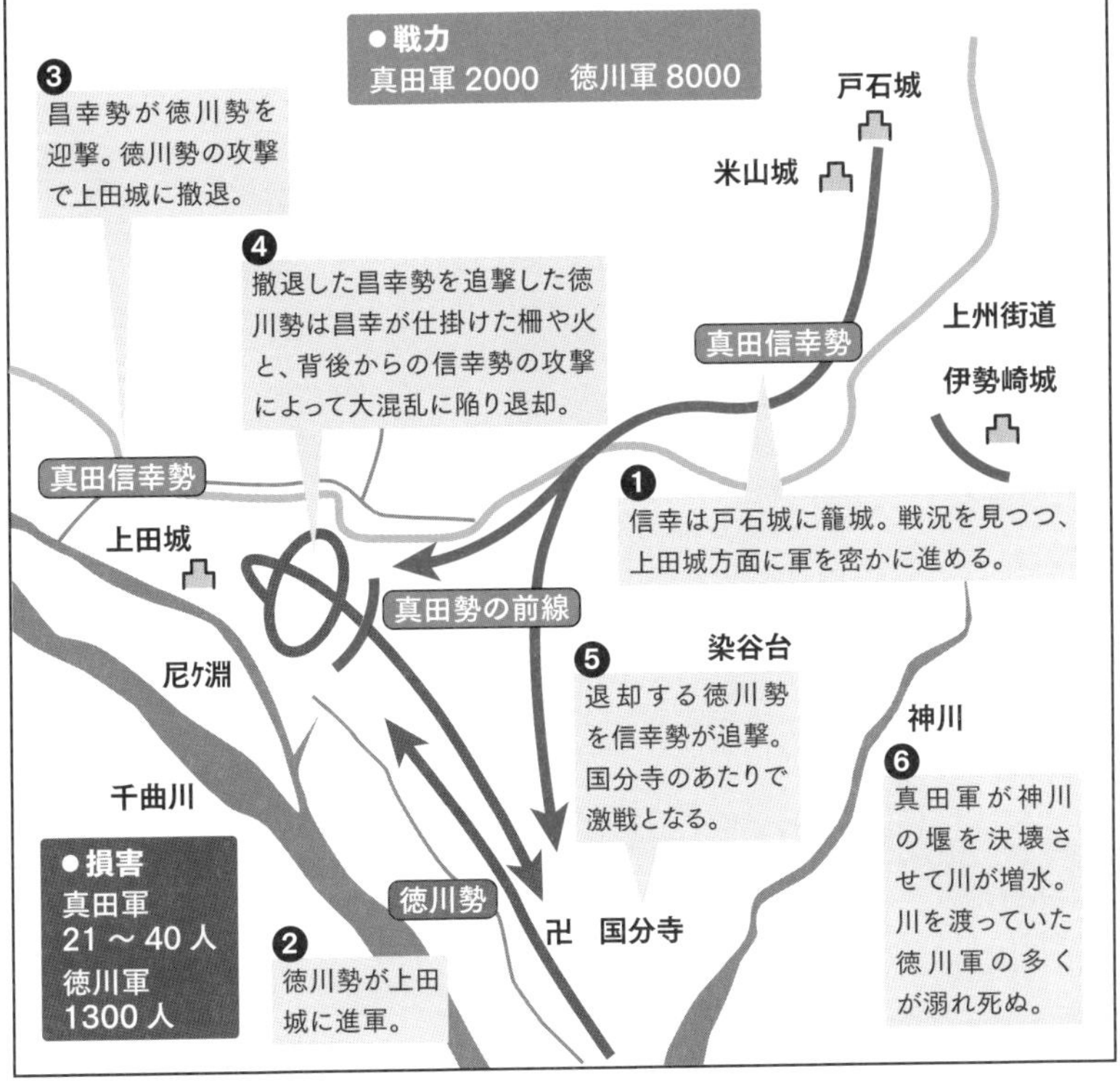

●戦力
真田軍 2000　徳川軍 8000
❸
昌幸勢が徳川勢を迎撃。徳川勢の攻撃で上田城に撤退。
❹
撤退した昌幸勢を追撃した徳川勢は昌幸が仕掛けた柵や火と、背後からの信幸勢の攻撃によって大混乱に陥り退却。
戸石城
米山城
上州街道
真田信幸勢
伊勢崎城
真田信幸勢
❶
信幸は戸石城に籠城。戦況を見つつ、上田城方面に軍を密かに進める。

1300 人
徳川勢
卍 国分寺
❷
徳川勢が上田城に進軍。

真田《さなだ》昌幸《まさゆき》（1547年～1611年）

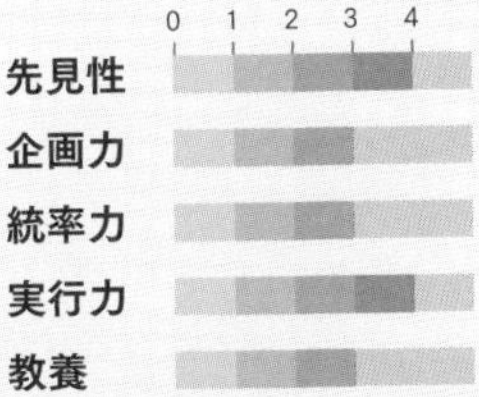

0 1 2 3 4
先見性
企画力
統率力
実行力
教養

武田氏の家臣・真田幸隆の子。長篠・設楽原の戦いに出陣した兄2人が戦死したことで家督を継ぐ。武田氏滅亡後は、卓越した先見力で織田、上杉、北条、豊臣と、次々に主君を変更。関ヶ原の戦いでは西軍に属し、上田城で徳川秀忠軍の進軍を阻んだ。西軍敗北後、東軍に属した長子・信幸の懇願で助命されたが、紀州九度山に流罪。その地で死去。

真田勢の前線
染谷台
尼ヶ淵
❺
退却する徳川勢を信幸勢が追撃。国分寺のあたりで激戦となる。
神川
❻
真田軍が神川の堰を決壊させて川が増水。川を渡っていた徳川軍の多くが溺れ死ぬ。
千曲川
●損害
真田軍
21 ～ 40 人

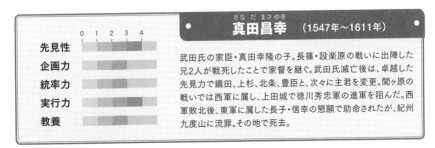

伊達政宗

実の母に毒殺されかけたって本当？

新説

実母の毒殺未遂事件があったかも不明

伊達《だて》政宗《まさむね》については、「もう30年早く生まれていれば」「もっと京都に近いところで生まれていれば」ということがよくいわれる。政宗の生まれた永禄10（1567）年は織田信長が美濃の稲葉山城を攻略した年で、翌年には足利義昭を上洛させている。**もし信長と年齢も近く、近江か摂津あたりに生まれていれば、政宗が天下取り競争に参画できたのではと、残念がる思いの反映である。**

現実に政宗がこの世に生を受けたのは出羽《でわ》国米沢城で、すでに斎藤道三も今川義元も亡き後だった。

政宗が18歳で家督を継いだ当時、奥州南部は会津の蘆名《あしな》氏や山形の最上《もがみ》氏、常陸《ひたち》の佐竹氏など大中雑多な勢力がひしめく状態にあり、政宗はそこから抜け出そうと必死にもがき続けた。

天正13（1585）年の反伊達連合軍を相手とした人取橋《ひととりばし》の戦いを引き分けに持ち込み、同17（1589）年の摺上原《すりあげはら》の戦いで蘆名氏を撃破したことで、ようやく夢への第一歩を踏み出すが、そこで時間切れだった。羽柴秀吉からの通達により、軍事行動を停止せざるを得なくなったからである。

小田原への参陣が遅れたことで危うく首を刎《は》ねられそうになるが、徳川家康の取り成しなどのおかげで事なきを得た。

仙台藩の正史『貞山公治家《ていざんこうじけ》記録』には小田原参陣の直前、母の義姫が政宗の毒殺に失敗して、実家の山形に逃亡したとあるが、**新史料から、義姫の出奔は事件から4年後と判明しており、毒殺未遂事件が本当にあったのかどうかも疑われる。**

伊達政宗の危なっかしい秀吉への対応

伊達政宗の野望は豊臣秀吉の天下統一によって未完で終わる。そのせいか、秀吉への政宗の対応は素直というよりは危なっかしいものが多い。歳の差が30以上あったことから、秀吉は政宗を可愛く思っていたのかもしれないが、ひとつ間違えれば命を落としていたかもしれない危なっかしい対応を紹介しよう。

1 小田原攻めに遅参

北条氏の小田原城を攻める際、東北の諸大名に参陣を求めるも、政宗は北条氏との関係もあって渋った。結局遅れて参陣。秀吉に忠義心を疑われてしまう。

小田原攻めの秀吉のもとに、「死を覚悟しています」の意思を伝えるために白装束で現れる。

沙汰無し。

2 葛西・大崎一揆

小田原合戦終了後に、秀吉は敵対者を処分を下した（奥羽仕置き）が、これに不満を持った葛西晴信と大崎義隆の遺臣たちによる一揆を、政宗が扇動したという証拠の文書が秀吉の手元に届いた。

偽造だと主張。政宗の花押は鶺鴒《せきれい》の形をしているが、「自分は片方しか目が見えないので、いつもは鶺鴒の片目に針で穴を空けている。その文書の花押には穴がないから偽物！」。

表向きは政宗の申し開きを受け入れたように見せ、葛西・大崎13郡30万石を政宗に与えたが、その替わりに本来の所領12郡余72万石のうち6郡44万石を没収。

3 秀次事件

秀吉の養子で関白となった秀次だったが、秀吉に嫡子・秀頼が誕生すると、謀反の疑いを掛けられ切腹させられた。このときに政宗も謀反の一味との疑いをかけられた。

「秀吉様は両目で見て、秀次様を関白にした。片方の目しか見えない私が見損じたのは当然でしょう」と開き直った。

秀次と政宗が懇意にしていたことは承知していたが不問に付した。

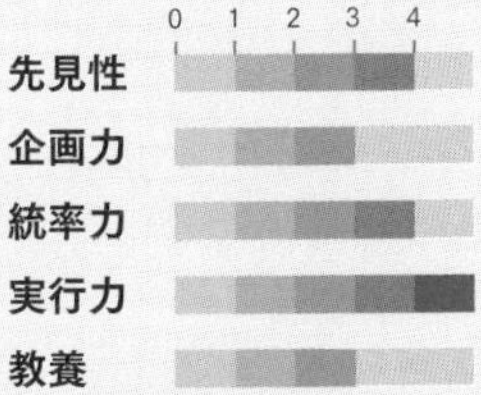

伊達政宗《だてまさむね》（1567年～1636年）

出羽米沢城主・伊達輝宗の長男。天正12（1584）年、家督を継ぎ、畠山氏、蘆名氏などを滅ぼして奥州南部を制覇。同18（90）年、豊臣秀吉に降伏し、会津などを没収されるが、秀吉の死後は徳川氏に接近。関ヶ原の戦いでは東軍に属し、会津の上杉景勝と戦う。戦後は60万石の領知を認められて仙台藩を起こし、領国経営に専念。70歳で没するまで藩主の座にあった。

加藤清正

藤堂高虎と並ぶ築城の名手だったの？

新説

実務の大半は同郷の家臣に頼り切りだった

加藤清正《かとうきよまさ》は福島正則と同じく、豊臣秀吉子飼いの武将。国内では賤ヶ岳の戦いにおける一番槍の武功が名高く、文禄《ぶんろく》・慶長《けいちょう》の役では朝鮮民衆に恐怖の念を植え付けるほど猛威を振るった。

だが、清正の名を不朽なものとした要因は戦場での武功ではなく、城の普請や肥後《ひご》領主時代の民政など内治における功績だった。

織豊《しょくほう》政権から江戸時代初期の築城名人といえば、藤堂高虎《とうどうたかとら》と加藤清正が双璧で、清正は自身の居城である熊本城はもちろん、江戸城や名古屋城の築城にも携わった。下部では緩い石垣の勾配が上に行くほど急になる「扇《おうぎ》の勾配」という、寄せ手にとっては悩ましい積み方を大きな特徴とする。

もっとも、**清正当人が行なったのは大まかな縄張りくらいで、実務の大半は家臣の飯田覚兵衛《いいだかくべえ》（直《なお》景《かげ》）と森本儀太夫《もりもとぎだゆう》（一久《かずひさ》）の2人を頼りとした。**清正にとって竹馬の友でもある2人は土木全般の才に恵まれ、清正の肥後入封後、治水《ちすい》においても際立った実績を残す。**河川の氾濫《はんらん》を抑制するとともに湿地帯を広大な田畑に変え、現在、「清正堤《づつみ》」と総称される多くの堤防はその痕跡である。**

清正が秀吉から与えられたのは肥後の北半国だったが、関ヶ原の戦い後、徳川家康から小西行長領だった南半国も与えられ、あわせて54万石を領する身となる。肥後を治めた期間はのちの細川氏のほうが断然長いが、治水による恩恵があまりに大きかったため、清正と子の忠広《ただひろ》による加藤氏2代の治世が領民の脳裏に深く刻み込まれることとなった。

熊本城に見る「築城の天才」加藤清正の鉄壁の守り

2016年4月の熊本地震で大きな被害を受けた熊本城は加藤清正の居城（1587年～1611年）であり、清正自らが改築し、鉄壁の守りを敷いた城である。そこかしこに「築城の天才」清正の守りへのこだわりが見える。その一部を紹介する。

●武者返し・扇の勾配

清正は石垣造りを得意とし、反りのある高石垣が特徴。下部の緩い勾配が上に行くにつれて急となる「扇の勾配」という積み方で、上部はやや反っている。これは「武者返し」といって敵の侵入を防ぐための工夫。熊本城の石垣は「清正流石垣」とも呼ばれる。

●登城路の石垣

城の入り口の石段を急角度に曲げることで攻め込んできた兵のスピードを緩め、渋滞を起こさせることが狙いだ。

●宇《う》土《と》櫓《やぐら》の石落とし

石落としとは、真下にいる敵に上の隙間から石などを落として攻撃するために使われる。熊本城の石落としは袴《はかま》のような形（袴腰型）をしているのが特徴。また天守台や櫓台から張り出した床面を石落としとして利用したりもしている。

加藤清正《かとうきよまさ》 （1562年～1611年）

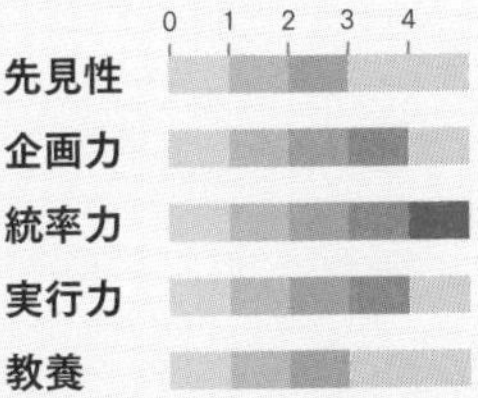

尾張中村の出身で豊臣秀吉と同郷。父は刀鍛冶の加藤清忠。秀吉と縁戚であったことから幼少より秀吉に仕える。賤ヶ岳の戦い、九州攻めなどの武功により、天正16（1588）年、肥後熊本城を与えられる。朝鮮出兵にも出陣。関ヶ原の戦いでは徳川に味方し、戦後は、肥後54万石の領知を認められ、初代熊本藩主となった。晩年、徳川・豊臣の和解の斡旋も行なった。

コラム 3

戦国大名たちの知恵が詰まった分国法

戦国時代には、大名による一国単位の領国化が進み、各地の大名たちは分国支配を形成しました。有力な大名のなかには、国内の統治のため、独自の法令を制定した人もいました。この「分国法」は、戦国時代に各地で数多く誕生しました。

法典には、それぞれの領国に応じた具体的条項が述べられていますが、喧嘩両成敗、私的同盟の禁止、軍役の法制化などの条項は、多くの分国法に共通していました。

また、分国法と似た法に「家法（家訓）」もあります。これは大名が、自らの家中の規律を強化するため作った法でした。

こうした戦国大名たちの領国経営の知恵は、のちの世の江戸時代の幕府法や藩法に継承されていきました。

名称（別名）	種類	制定大名（主な領国）	制定年
大内氏掟書（大内家壁書、大内家諸掟留書）	分国法	大内持世～義興（周防）	永享11（1439）年～明応4（95）年
朝倉孝景条々（敏景十七箇条）	家法	朝倉孝景（越前）	文明3（1471）年～同13（81）年
相良氏法度（相良家法度）	分国法	相良為続～晴広（肥後）	明応2（1493）年～天文24（1555）年
早雲寺殿廿一箇条	家法	北条早雲（相模）	不明
今川仮名目録と今川仮名目録追加	分国法	今川氏親～義元（駿河）	大永6（1526）年と天文23（53）年
塵芥集	分国法	伊達稙宗（陸奥）	天文5（1536）年
甲州法度之次第（信玄家法）	分国法	武田信玄（甲斐）	天文16（1547）年
結城氏新法度（結城家法度）	分国法	結城政勝（下総）	弘治2（1556）年
六角氏式目（義治式目）	分国法	六角義賢～義治（近江）	永禄10（1567）年
新加制式	分国法	三好長治（阿波）	永禄元（1558）年～元亀元（70）年
長宗我部氏掟書（長宗我部元親百箇条）	分国法	長宗我部元親～盛親（土佐）	文禄5（1596）年

第4章

徳川家康と関ヶ原の戦い

徳川家康

築山殿と嫡男殺しは信長の命令？

新説

証拠が挙がったため、家康の意思で殺した

徳川家康《とくがわいえやす》は西三河の戦国大名に始まる。姓は松平、幼名は竹千代《たけちよ》。尾張の織田信秀のもとで2年間人質として暮らした。その後、駿河の今川義元のもとで11年もの間人質生活を送り、駿河で元服を迎えたことから、義元から名乗りの一字「元」を与えられ、松平元康と称した。

義元が桶狭間《おけはざま》の戦いに斃《たお》れた後、跡を継いだ氏真《うじざね》を器量なしと見るや、元康は今川氏から独立する。同時に、織田信長と同盟を結び、名を家康、次いで姓を徳川に改めた。

とはいえ、信長との同盟関係は対等とはいい難く、信長からの依頼を拒むことは原則として不可能だった。**天正7（１５７９）年に嫡男・信康に自害を迫り、正室の築山殿《つきやまどの》を殺害したのも、信長の命に仕方なく従ったとされてきた。**

しかし、**近年の研究によって、築山殿と信康の武田勝頼への内通は事実で、信長の命ではなく、家康の意思と判断で行なわれたことが判明した。**家康を悪者にするのを避けるため、江戸幕府お抱えの歴史家たちが筆を曲げたのである。

家康が最終的に天下人になれた要因としては、秀吉晩年の失政や豊臣家臣団の分裂に加え、家康自身の健康長寿と比類なき強運を挙げることができる。

強運というのは、絶体絶命の状況を生き延びたことが何度もあるからだ。

永禄６（１５６３）年、三河国一向一揆が一斉蜂起したとき、元亀３（１５７２）年、三方ヶ原《みかたがはら》の戦いに敗れたとき、天正10（１５８２）年、本能寺の

関ヶ原の戦いはなぜ起きたのか！

関ヶ原の戦いは、秀吉亡き後の徳川家康と石田三成による権力争いにほかならない。ここでは関ヶ原の戦いまでの経緯を解説する。

1598年	8月16日	豊臣秀吉、死亡。			
		前田利家、死亡。			
		↓ 徳川家康が動き始める			
		徳川家康側（東軍）の動き			石田三成側（西軍）の動き
1600年	閏3月4日	大坂で、加藤清正・浅野幸長・福島正則・黒田長政・細川忠興ら7将が、三成訴訟の動きを見せる。	→		三成は万一に備えるため、同じく五奉行の一人である前田玄以が城番を務める伏見城に逃れる。
		家康、伏見城を接収し秀頼を補佐するためとの名目で大坂城の西の丸に入る。			三成は居城の佐和山城に蟄居する。
	4月1日	会津の上杉景勝に謀反の疑いありとし、弁明のため上洛するよう、景勝の執政・直江兼続に問責の書状を送る。	→		謀反の訴えは讒言である。景勝の上洛は、領国支配に専念しなければならないことと、雪に閉ざされていることにより、実現できないと回答（直江状）。
	6月6日	大坂城西の丸に諸大名を集め、会津攻めを布告。秀頼の承認を得て会津を攻めるという大義名分を得る。	←		
	7月2日	家康、江戸城に入る。直属の家臣3000余のほか、福島正則・池田輝政・山内一豊ら諸大名の軍勢5万5000余も参加。	→	7月17日	「内府ちかひの条々」と題する弾劾状を諸国の大名に送りつけ、家康討伐を呼びかける。
		会津攻めに出陣。			大坂城に毛利輝元を総大将として宇喜多秀家、小西行長、長宗我部盛親といった大名が集結。その総兵力は、9万5000余におよんだ。
	7月25日	三成による伏見城攻撃の報を受け、下野国（栃木県）の小山で進軍を止め、一部の軍勢を上杉景勝への押さえとして宇都宮城に残しつつ、会津攻めを中止し、上方に引き返す。	←	7月19日	家康の居城、伏見城を攻撃。
				8月1日	伏見城を落とす。
	8月5日	江戸城に帰還。		9月3日	近江に大谷吉継が率いる脇坂安治・朽木元綱・小川祐忠・赤座直保・平塚為広・戸田重政らの軍勢6000余を布陣。松尾山城には、小早川秀秋の軍勢1万5000余入る。
	8月23日	福島正則が西軍についた織田秀信の岐阜城を攻める。			
	9月1日	家康、上方へ向け江戸城を出陣。			三成、主力の2万6000余を夜のうちに大垣城から関ヶ原に移動。
	9月14日	美濃国の赤坂に着き、岡山を本陣とする。		9月7日	大垣と関ヶ原の中間に位置する南宮山に、毛利秀元・吉川広家・長宗我部盛親・長束正家らが率いる3万余の軍勢が集結。
		主力を関ヶ原に移動。			
		家康直属の本隊3万余と、豊臣恩顧の福島正則・黒田長政ら4万4000余。		9月14日	主力部隊を関ヶ原へ移動。
	9月15日	午前8時ごろ　決戦開始			
		東軍／7万4000余	VS		西軍／8万4000余
		正午ごろ　東軍の勝利で終了			

変後、堺から伊賀を越え、三河へ逃げ落ちたときなどがそれにあたる。

三方ヶ原の戦いでは、浜松城へ逃げ戻る途中、恐怖のあまり馬上で脱糞《だっぷん》をしたといわれてきたが、これは後世の創作のようである。

● 関ヶ原の戦い後、徳川一門で天下を固める

辛抱強く、豊臣秀吉の寿命が尽きるのをじっと待ち続けた家康は、秀吉が永眠するやいなや、ただちに策動を始めた。

秀吉の遺命を次々と破るとともに、石田三成を嫌う大名たちを中心に多数派工作を本格化させたのである。

一連の工作が功を奏し、石田三成の失脚に成功すると、次には加賀の前田利長を屈服させ、そのまた次には会津の上杉景勝に狙いを定めた。

自分が東下すれば、石田三成は必ず動く。

どこまでが家康の読み通りであったかは不明だが、三成が挙兵したことで家康は軍を返し、**慶長5（1600）年、いよいよ日本史上、後にも先にも例のない大軍同士の会戦が関ヶ原を舞台に行なわれることとなった。**

結果は家康率いる東軍の完勝。

戦後の論功行賞では、西軍に属した大名が改易か減封に処されたのとは対照的に、没収総高400万石超の割り振りにより、加増を受けた者は100人余にのぼる。

そのうち30万石以上の加増となった者が7人。7人のうち下位5人は外様大名だが、上位2人は家康の子で、2人の加増と転封に関しては武功より、有力外様大名の監視と牽制《けんせい》の意図が濃厚だった。

30万石以下とはいえ、他の徳川一門や譜代大名ものきなみ加増となったが、それは必ず転封とセットだった。

一連の措置により陸奥国《むつのくに》南端から北伊勢までの太平洋岸と近江・越前の両国が徳川一門と譜代大名で固められ、全国の物流ルートの半分近くが徳川幕府の手中に帰した。

さらに全国の金銀山や京都・奈良を直轄地にしたことで、家康の財力は豊臣家を上まわることとなった。

関ヶ原の戦いまでの家康軍（東軍）の動き

会津の上杉攻めに向かう途中で、石田三成の挙兵を知った家康軍は、下野の小山で評定を行ない、結城秀康を上杉軍への備えとして残し、本隊は西へと引き返す。しかし、江戸城に戻ってから再度出陣するまで1カ月近く動かなかった。それは清洲城主で豊臣秀吉の姻戚にあたる福島正則が西軍に寝返るかもしれないと考えていたからだ。上杉の動向に加え、福島正則の動向という不安材料を抱えたままの進軍だった。

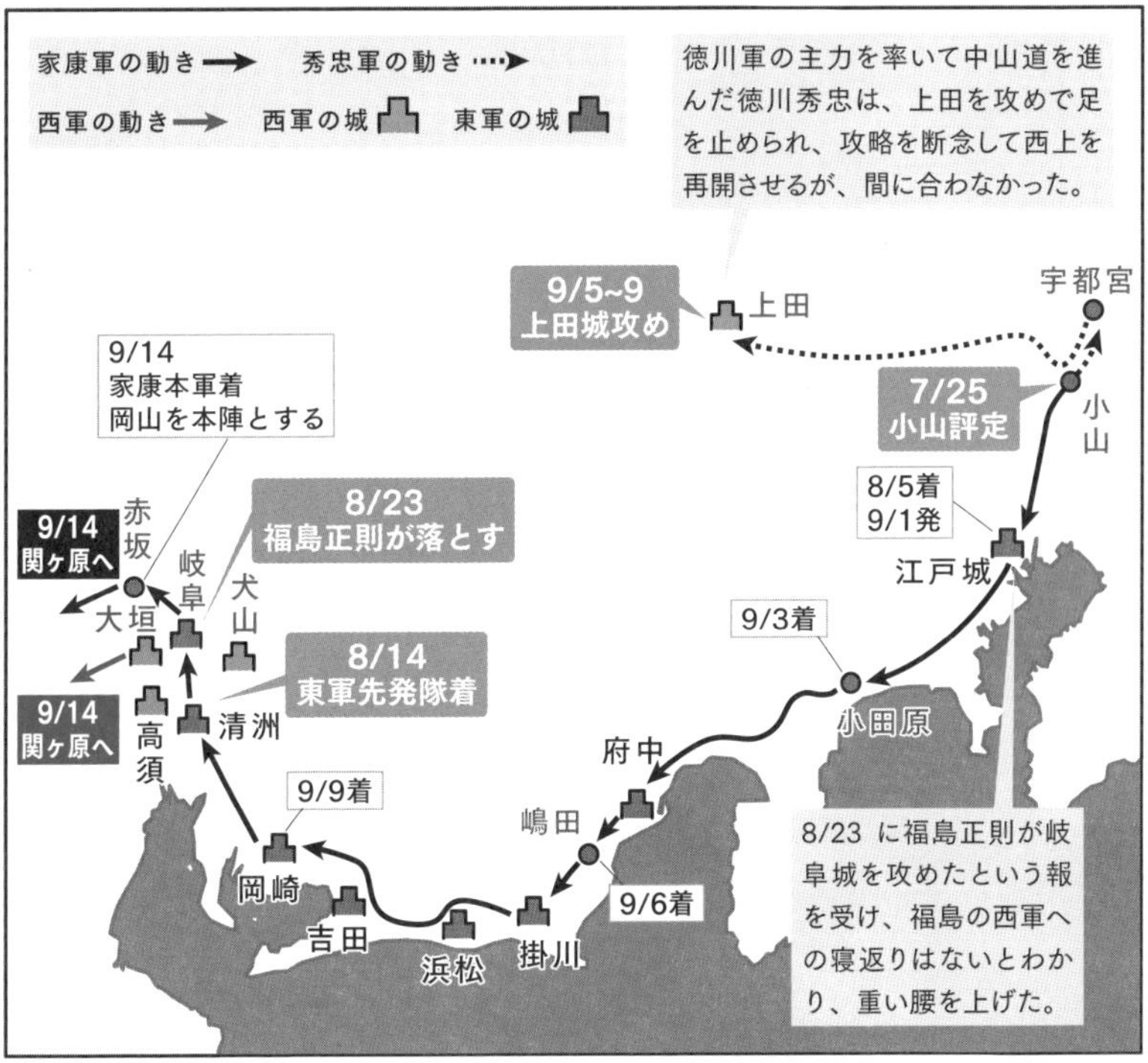

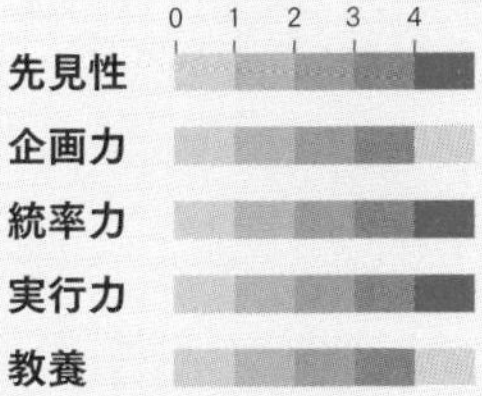

徳川家康《とくがわいえやす》　（1542年～1616年）

三河岡崎城主・松平広忠の長男。家督を継いで今川氏から独立後、織田信長と結んで駿河を、さらに豊臣秀吉と和して関東を領有。秀吉没後、関ヶ原の戦いに勝利し、慶長8（1603）年に征夷大将軍となり江戸幕府を開く。同20（15）年、大坂の陣で豊臣氏を滅ぼし、武家諸法度を制定。同10（05）年に子・秀忠に将軍職を譲っていたが、死ぬまで実権を握り幕政確立に尽力。

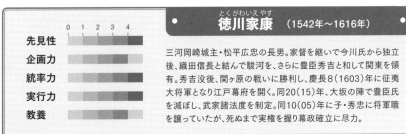

井伊直政

外様から家康の家臣になれたのはなぜ？

新説　家康のよき相談相手だったから

井伊《いい》直政《なおまさ》は俗にいう「徳川四天王」のなかで唯一の遠江《とおとうみ》出身。４人中もっともスタートが遅く、家康に出仕したのは天正３（１５７５）年のこと。直政が15歳のときで、浜松城下でたまたま家康の目に留まったと伝えられる。

翌年の**初陣を始めとして、家康の旗本として活躍を重ね、天正10（１５８２）年の武田氏滅亡に際しては、その旧領を巡る北条氏との交渉で手柄を立て、徳川に降伏した武田の遺臣８００人のうち74人を割り当てられる。**具足《ぐそく》・指物《さしもの》などをすべて赤色で統一したこの集団こそ、のちに「井伊の赤備え」と称される精鋭部隊だった。

しかし、直政はこれらの武功や外交手腕以外の何かで家康から寵愛《ちょうあい》されたらしく、北条氏の滅亡により徳川家康が関東に移封されたときには、上野箕《こうずけみの》輪《わ》12万石を与えられた。これは四天王の他の３人を上まわるだけでなく、徳川家臣団のなかでもトップの石高だった。

関ヶ原の戦いでは家康の四男で、自身の女婿《じょせい》でもある松平《まつだいら》忠吉《ただよし》とともに2列目に陣を構えながら、斥候《せっこう》（偵察）と称して福島正則隊を出し抜いたと伝えられるが、これには異説もある。

合戦終盤にはさらなる手柄を立てようと、敵中突破を図った島津義弘《しまづよしひろ》隊に追撃を仕掛けるが、途中で鉄砲による反撃に見舞われ深手を負う。戦後、恩賞として近江《おうみ》佐和山《さわやま》18万石に加増されるが、直政自身は合戦から2年後、加増の恩恵を十分楽しむ間もないまま42歳で生涯を終えた。

家康を支えた四天王

家康には織田政権以来の結びつきの強固な家臣団があった。そのなかでも「四天王」と呼ばれたのが下の4人。4人のうち酒井忠次をのぞいた3人は「徳川三傑」と呼ばれ、関ヶ原の戦いにも参戦している（榊原康政は遅参）。

徳川四天王

徳川三傑（関ヶ原の戦いに参戦）

井伊直政

外様から家臣へ。家康のよき相談相手でもあった。関ヶ原後、真田昌幸とその二男・信繁（幸村）の助命にも尽力。石田三成の旧領である近江国佐和山（滋賀県彦根市）18万石を与えられ、従四位下に任官された。

榊原康政

上野国館林藩の初代藩主。13歳で家康に見出され小姓に。関ヶ原の戦い時には徳川秀忠に随行。戦後も重臣の地位にあったが、所領の加増は無かった。理由は諸説あるが、辞退したとの説が有力。関ヶ原の戦いの6年後に病没。

本多忠勝

上総大多喜藩初代藩主、伊勢桑名藩初代藩主。忠勝系本多家宗家初代。伊勢国桑名（三重県桑名市）10万石に移され、旧領・大多喜は二男・本多忠朝に別家5万石として与えられた。桑名藩の藩政に力を尽くし桑名藩創設の名君と呼ばれた。1610年、病没。

酒井忠次

家康の父・松平広忠に仕え、家康が今川義元の人質として駿府に赴く時同行。桶狭間の戦いの後、徳川家の家老となる。家康の主な戦いには全て参加し武功も多い。1588年、長男の家次に家督を譲って隠居。1596年、死去。

井《い》伊《い》直政《なおまさ》（1561年～1602年）

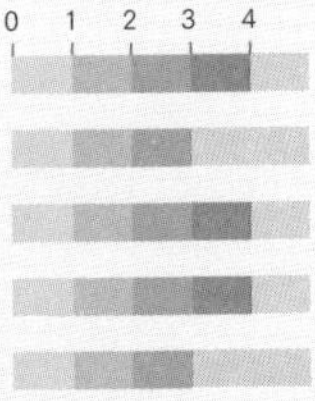

今川氏の家臣・井伊直親（なおちか）の子。直親が謀反容疑で殺されると、逃れて親族に養われる。15歳のころ、徳川家康の小姓となり、父祖の地であった遠江井伊谷を与えられる。小牧・長久手の戦い、小田原攻めで名をはせ、家康の関東移封後は上野箕輪12万石を与えられる。関ヶ原の戦いでも軍功をあげ、近江佐和山18万石を加封されたが、合戦中の傷がもとで死去。

石田三成

武功派を恐れ家康の屋敷に逃げ込んだ？

新説

伏見城に逃げ込み、家康に調停を委ねた

もう四半世紀前に生まれていたら、歴史に名を残すこともなかった。石田三成《いしだみつなり》はその範疇《はんちゅう》に属する人物である。

中小の大名が淘汰《とうた》され、1万人を超える大軍同士の戦いが増えた戦国時代終盤には兵站《へいたん》任務の重要性が高まった。さらには占領地の拡大にともなって検地や刀狩りをする機会も増えたことから、**それまで裏方に終始した吏僚《りりょう》たちが表に出て、多大な権力を有するようになったのである。**

そのなかでも三成が突出できたのは、秀吉という目利《めき》きに見出されたからである。三成と秀吉の出会いに関する逸話は後世の創作としても、三成が比類なき強運の持ち主であったことは疑いない。

秀吉の死後は、五大老・五奉行が幼い豊臣秀頼を盛り立てる。秀吉の生前にそう決められ、何度も起請文が交わされてもいたが、秀吉の喪も明けやらぬうちから、徳川家康の違約行為が続出した。

秀吉の遺命には、諸大名の婚姻は秀吉の許可を得た上で決定することとの条文もあり、秀吉亡き後であれば五大老・五奉行の総意を得る必要があるはず。家康はそれを無視して、自分の子女と伊達政宗・福島正則・蜂須賀政家《はちすかまさいえ》の子女との婚約を次々にまとめていった。

これに対して豊臣恩顧の大名が一丸となればまだしも、三成に対する武功派の反感が強すぎた。**身の危険を感じた三成が家康の屋敷に逃げ込んだというのは後世の創作で、伏見城内の自邸に逃げ込み、家康に調停が委ねられたというのが真相だった。**

関ヶ原の戦いまでの三成軍（西軍）の動き

家康が秀頼を補佐するためと称して大坂城の西の丸に入り、政権の実力者になったことを見せつけると、石田三成も行動を起こす。諸国の大名に家康討伐を呼びかけたのだ。そして、会津征伐に向かった家康の隙をつくように大坂城に毛利輝元が入城。徳川家康への宣戦布告となった。皮切りとして家康の居城、伏見城を落とした。

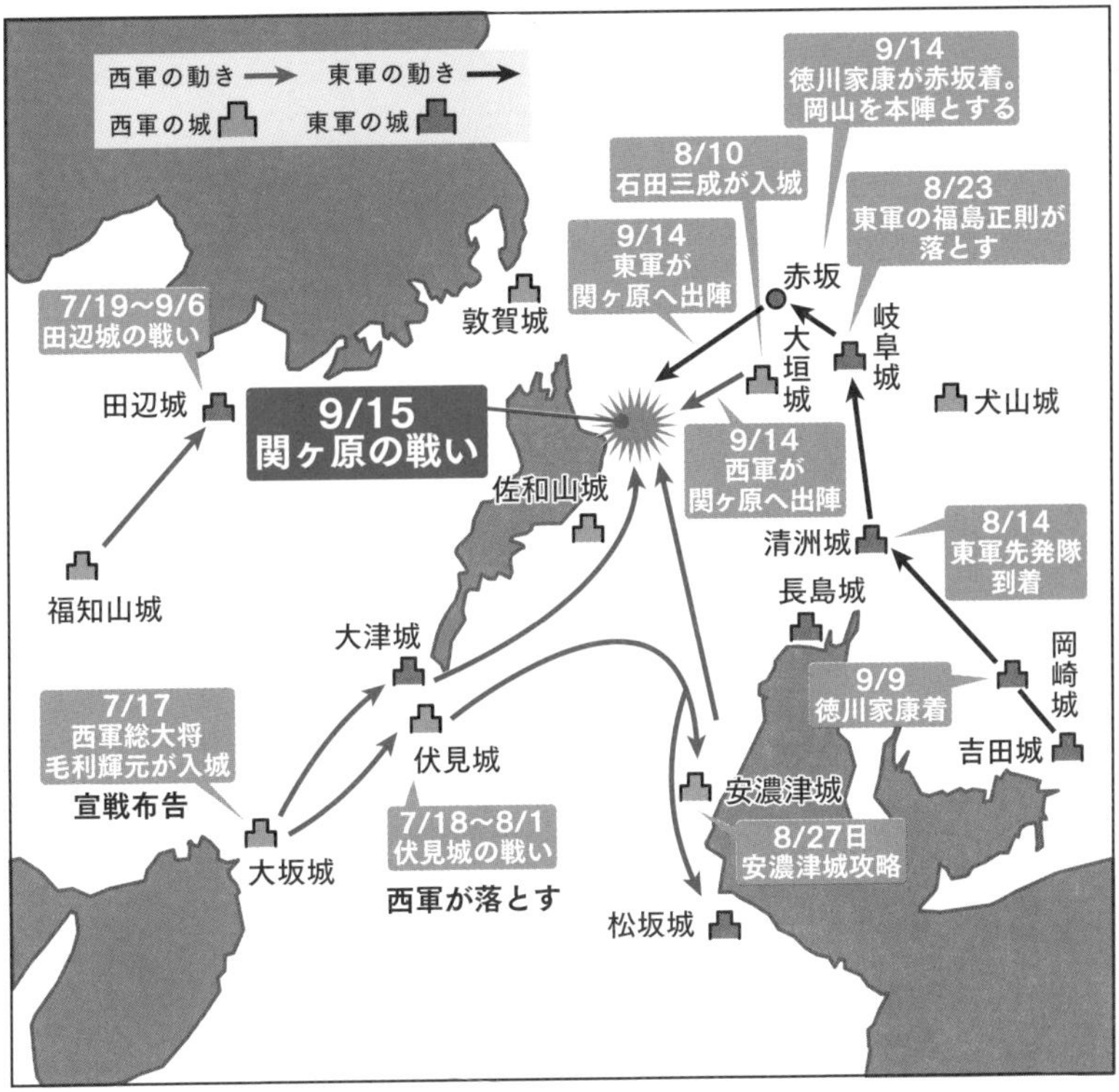

石田三成《いしだ みつなり》　（1560年〜1600年）

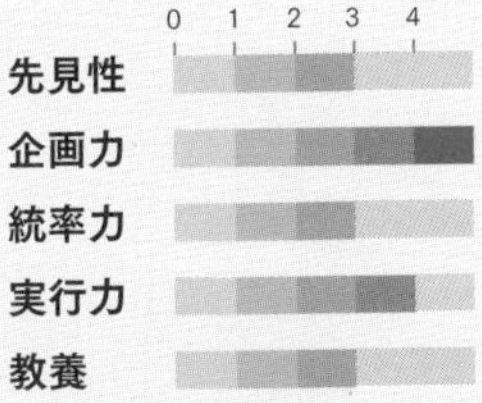

近江坂田郡石田村の地侍・石田正継の子。15歳のころ羽柴秀吉の小姓となる。中国攻め、山崎の合戦、小牧・長久手の合戦、小田原攻めなどでは、秀吉の側近として仕える。秀吉政権下では太閤検地など、内政面で活躍。文禄4（1595）年には近江佐和山18万石の城主、さらに秀吉直轄領7万石の代官となる。秀吉没後、関ヶ原の戦いで、徳川家康に敗れて処刑される。

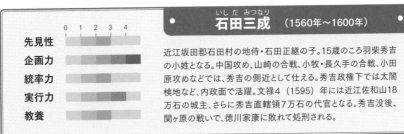

小早川秀秋

家康の「問鉄砲」が寝返りのきっかけ？

新説

開戦と同時に東軍へ寝返った

　父は秀吉の正室・おね（北政所《きたのまんどころ》）の兄・木下家《いえ》定《さだ》、母は杉原家次《すぎはらいえつぐ》（おねの伯父）の娘だから、小早《こばや》川秀秋《かわひであき》は秀吉の甥にあたる。幼くして秀吉の養子となり、北政所の手で育てられた。成長後の文禄3（1594）年には改めて小早川隆景の養子となり、毛利輝元の養女を正室に迎えた。

　養父の隆景から筑前一国と筑後・肥前の一部を譲り受けた大大名であるから、関ヶ原の戦いに際しても1万5000人もの兵を率いて臨んだ。

　しかし、西軍に属しながら、東軍からも破格の条件を提示されていたため、秀秋は去就に迷っていた。

　定説によれば、戦いが始まってもなお迷って動かずにいたところ、業を煮やした家康から鉄砲による威嚇（問鉄砲《といでっぽう》）を受けた。秀秋はこれで意を決し、松尾山を下りて西軍・大谷吉継隊に襲いかかったとされてきた。**しかし近年は複数の一次史料から、秀秋は開戦と同時に東軍に寝返り、家康による「問鉄砲」もなかったとする説が有力視されている。**

　そもそも秀秋には北政所に対する思いは変わらずとも、**豊臣家に対する忠節に関しては疑問があった。**秀吉に実子（のちの秀頼）ができるとともに用済みとされ、関白秀次事件に連座して丹波亀山城を没収。小早川家の所領を相続するが、朝鮮出兵中の不適切行動を責められ減封転封と、身から出た錆《さび》もあるとはいえ、処遇に不満を抱いていたからである。

　また重臣の稲葉正成《いなばまさなり》と平岡頼勝《ひらおかよりかつ》が家康支持の姿勢を明確にしていたこともあって、他に頼るべき人物を身辺に持たない秀秋に選択の余地はなかった。

天下分け目の関ヶ原の戦い

1600年9月15日午前8時。関ヶ原の戦いがいよいよ始まった。下図は9月15日午前8時ごろ両軍の布陣図。小早川秀秋は開戦と同時に東軍へ寝返り、大谷吉継軍を横から攻撃した。小早川の裏切りによって戦況は一気に東軍有利に傾いた。

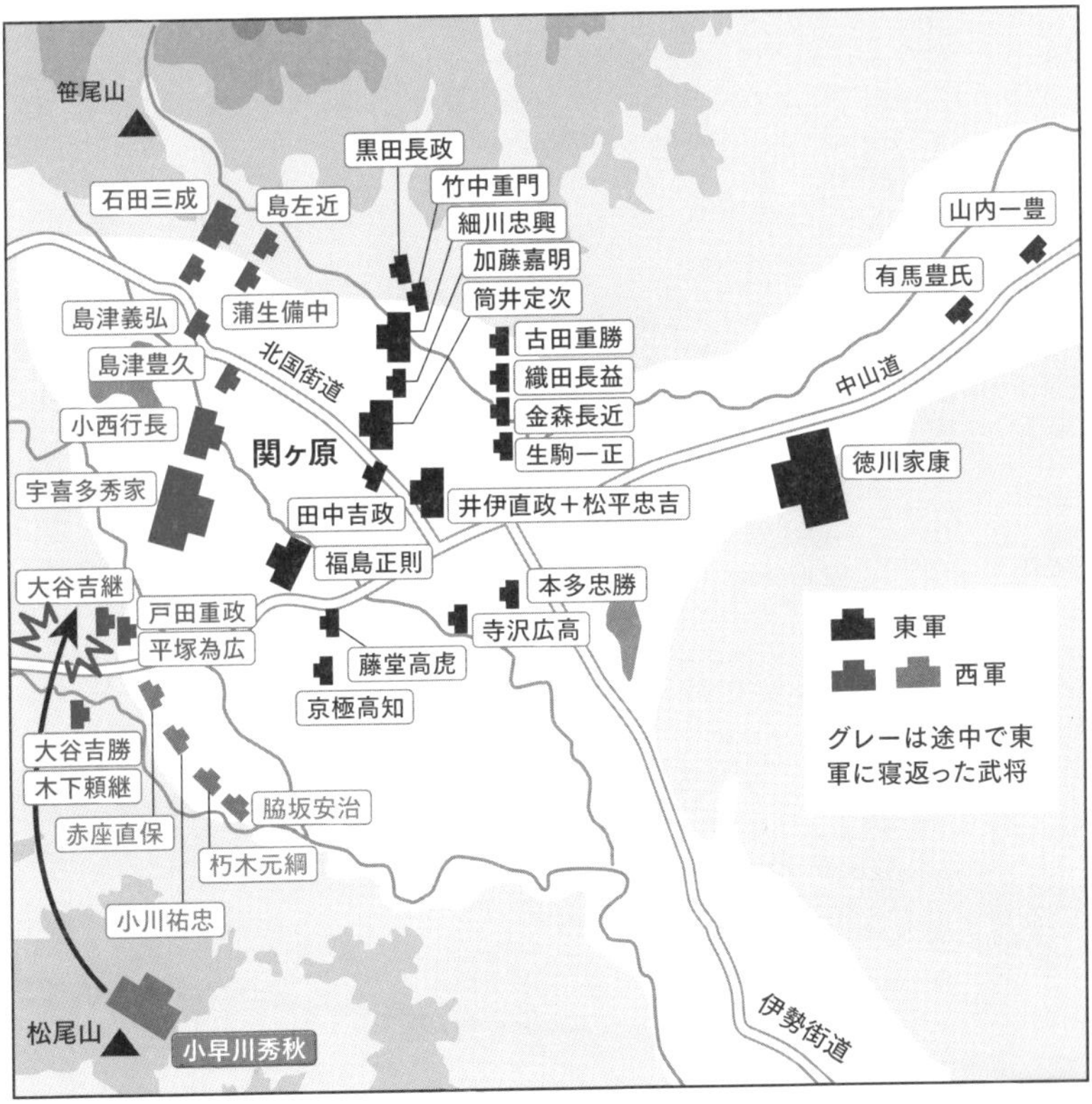

小早川秀秋《こばやかわひであき》　（1582年～1602年）

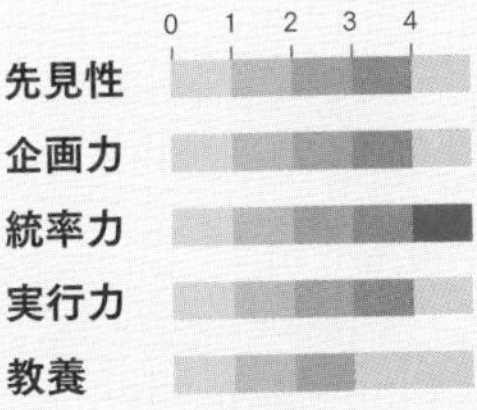

豊臣秀吉の正室である高台院の兄・木下家定の子。秀吉の養子となり、元服して羽柴秀俊と名のるが、秀吉に実子が生まれると、小早川隆景の養子となり、筑前、筑後の領主となる。慶長の役では総大将として出陣。秀吉没後、関ヶ原の戦いでは徳川家康に寝返り、東軍勝利の一因となる。戦後は、備前、備中、美作を与えられ、岡山に入って領地支配に臨むが、21歳で夭逝。

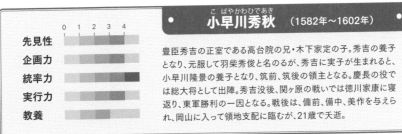

島津義弘

どうして戦場から撤退できたの？

新説

もともと関ヶ原の戦いに参戦する気がなかった

島津《しまづ》義久《よしひさ》・義弘《よしひろ》の兄弟は向かうところ敵なしの勢いにあったが、九州全土の統一まであと少しというところで豊臣秀吉の討伐に晒《さら》され、大きく南に押し返されるに及び、やむなく降伏した。

兄・義久の剃髪《ていはつ》により、唯一の島津家当主となった義弘は、文禄・慶長の役では「鬼石曼子《グイシーマンズ》」の名で朝鮮の朝野《ちょうや》を問わず恐れられた。捕虜として多くの陶工や養蜂《ようほう》家を連行するが、これは領内における殖産興業の成功へとつながる。

太閤検地で算出された新たな石高は薩摩・大隅《おおすみ》の2カ国と日向《ひゅうが》国諸県郡をあわせて55万9000石だが、徳川家康と上杉景勝間の緊張が高まるなか、**在京の義弘の手元には2000余人の兵しかいなかった。**

この寡兵《かへい》では石田三成の出陣要請を拒むこともできず、義弘は心ならずも西軍に与《くみ》する。その後、何度も国元へ増援要請を繰り返すが、前年に起きた謀叛の余波で家中が混乱したままのところに加え、兄の龍伯《りゅうはく》（義久）が派兵を渋ったことから、集めることができたのは1500人余。本来動員可能な兵力の10分の1に過ぎなかった。

関ヶ原の戦い当日、両軍が交戦状態に入っても義弘は兵を動かさず、三成からの再三の参戦要求にも応じず、三成隊が敗走を始めるに及んでようやく全軍に敵中正面を突破して戦線を離脱するとの命令を下した。**敵の意表を突く作戦（島津の退《の》き口）ではあったが衆寡敵《しゅうかてき》せず、薩摩への生還を果たせたのは義弘と80人余にすぎなかった。**

関ヶ原の戦い　島津の退き口

関ヶ原の戦いにおいて意表を突いた武将といえば、東軍に寝返った小早川秀秋と、西軍でありながら傍観を決め、戦の真っただ中を走り抜けて退いた島津義弘の2人だろう。東軍に押され石田三成と小西行長が伊吹山方向へ敗退するのを横目に、あえて逆をついて、敵中突破を試みた。この退き口の犠牲は大きく、1500だった兵力のうち薩摩まで逃げ帰った数は、義弘のほかわずか80余人だった。

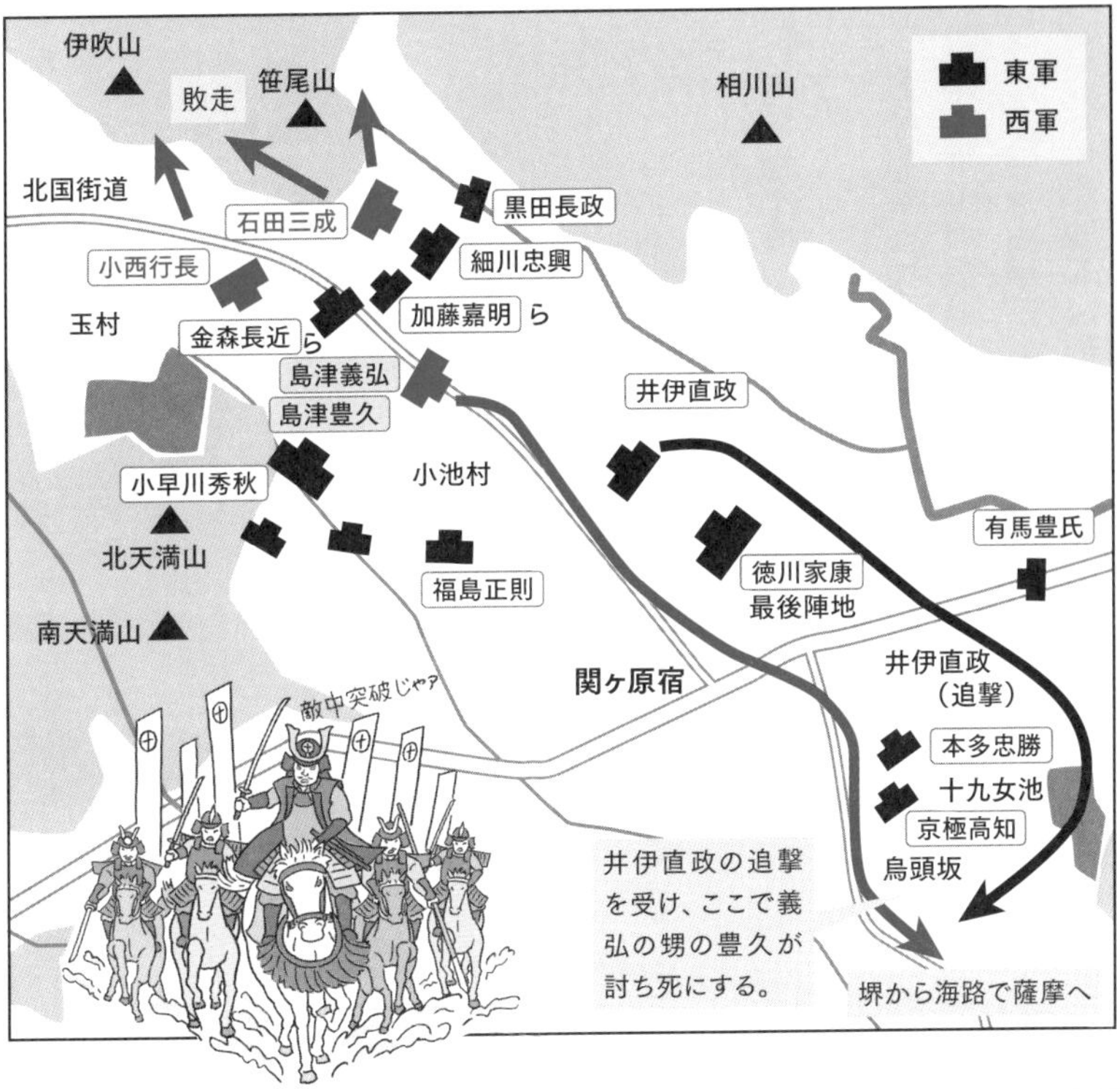

島津義弘《しまづよしひろ》（1535年～1619年）

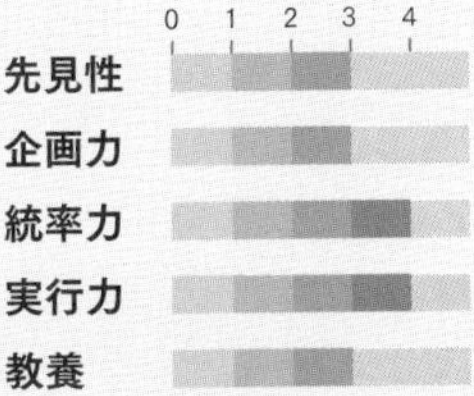

薩摩、大隅、日向の守護・島津貴久の二男。兄で当主の義久とともに版図を広げ、天正14（1586）年には九州平定に近づくが、翌年、豊臣秀吉の九州攻めにあって降伏。義久は薩摩、義弘は大隅を安堵される。関ヶ原の戦いでは西軍に属して敗れるが、敵陣縦断突破を敢行。戦後、徳川家康の赦免で本領は安堵され、大隅加治木に隠居する。晩年は子・家久を補佐し領国経営にあたった。

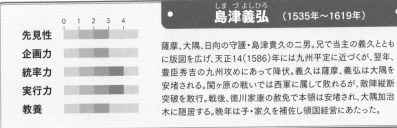

上杉景勝

家康との戦いに備えて軍備を強化した？

新説

国替え以来続けていた新領地の整備だった

上杉景勝《うえすぎかげかつ》は上杉謙信の甥にあたり、謙信が生涯未婚を通したことから、養子に迎えられた。

謙信には複数の養子がいたため、謙信の急死後、後継者争い（御館《おたて》の乱）が起きるが、景勝はこれに勝利して、唯一正当な後継者の座を手にした。

柴田勝家率いる織田軍にかなり押し込まれたが、本能寺の変が起きたことで命拾いする。その後、羽柴秀吉に臣従して、越後・佐渡に信濃の一部、出羽の一部をあわせた90万石の所領を安堵され、小早川隆景の死後はその抜けた穴を埋めるべく、いわゆる「五大老」の列に加えられた。

秀吉永眠の8カ月前、景勝は会津若松120万石への転封を命じられ、以来、武具の調達や新たな城の普請、水陸両路の整備などを進めていた。しかし、秀吉が亡くなり、石田三成が佐和山城に蟄居《ちっきょ》させられてまもなく、**徳川家康のもとへ「景勝に謀反の企てあり」との密告が複数から寄せられた。**

家康の意を受けた上洛《じょうらく》督促の書状が送られてくるが、景勝にしてみれば**秀吉存命中からの新領地の整備に関してとやかくいわれる筋合いはなく、要請に応じようとしなかった。**

これが豊臣秀頼への不忠にあたるとして、家康を総大将とする討伐軍の出征となる。石田三成が蜂起したため、景勝と家康の直接対決は回避されたが、家康が軍を返した後、**伊達・最上ら隣接する諸大名と交戦。**あたかも三成と呼応するかのようになったことが災いして、関ヶ原の戦い後に上洛・釈明するも許されず、米沢30万石に減封されることとなった。

「北の関ヶ原」慶長出羽合戦

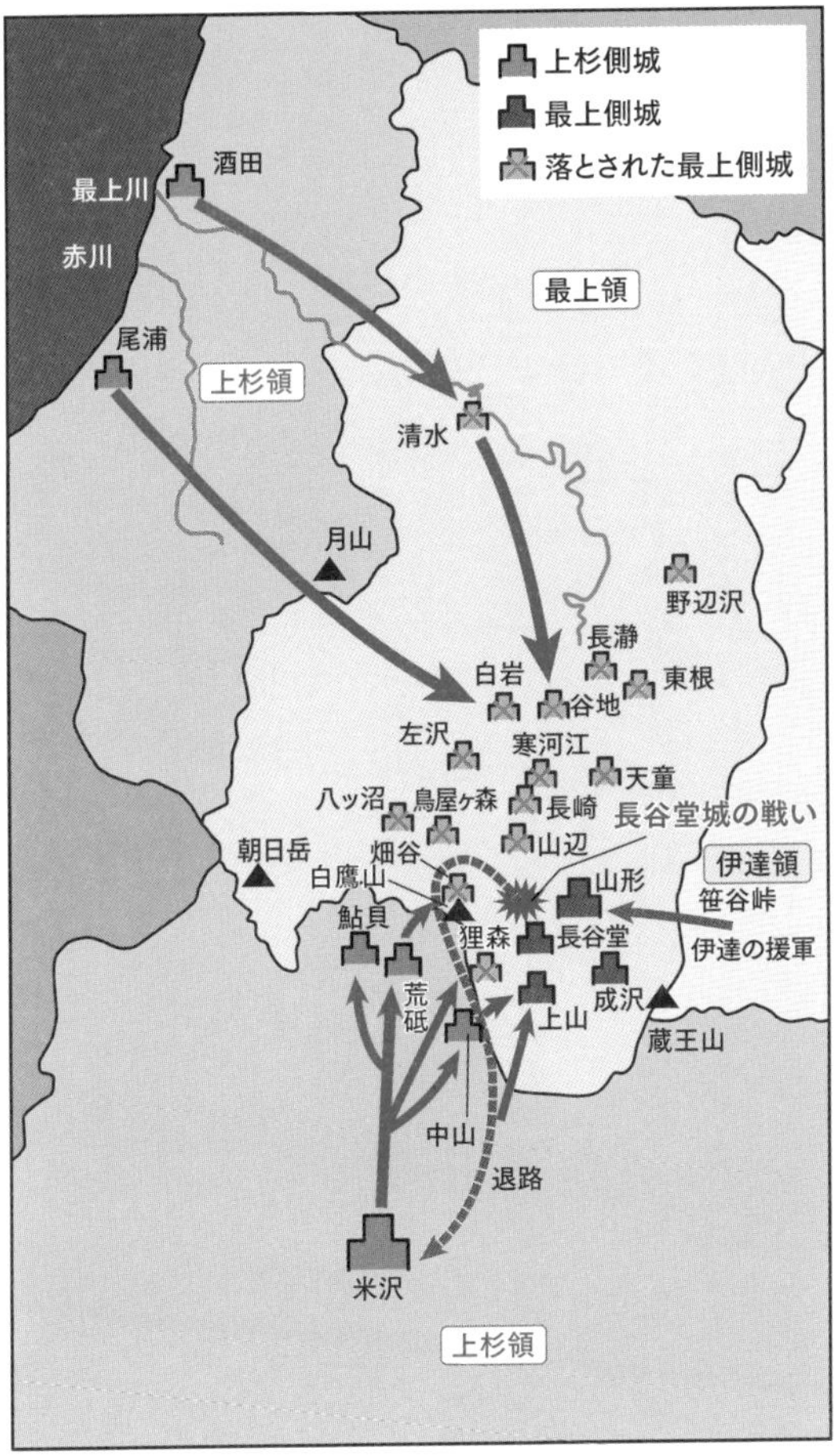

東軍（家康軍）が西へ引き返すと、上杉景勝は対抗する最上氏を討つべく、庄内と米沢から出陣した。一方、最上義光は伊達政宗に援軍を要請し、上杉軍を迎え撃つ。これが「北の関ヶ原」と呼ばれる慶長出羽合戦だ。上杉景勝の兵2万8000に対し、最上側は7000、伊達の援軍が3000だった。圧倒的な兵力の差だったが、関ヶ原の戦いで東軍勝利の報が伝わると情勢は一転。上杉軍は撤退し、北の関ヶ原も東軍勝利となった。

上杉景勝《うえすぎかげかつ》 （1555年～1623年）

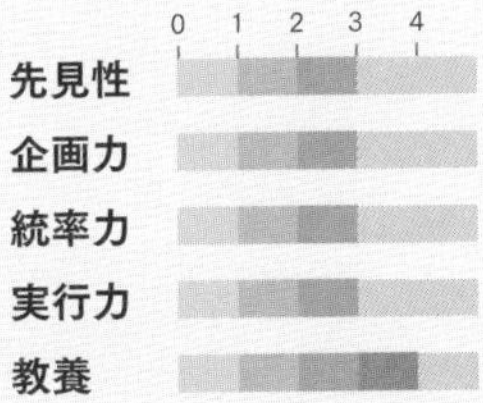

越後坂戸城主・長尾政景の子。幼少のころ叔父・上杉謙信の養子となる。謙信死後の天正6（1578）年、上杉景虎との家督争いを制し、謙信の遺領を継承する。その後、豊臣秀吉に仕えて五大老の1人となり、会津120万石を与えられる。関ヶ原の戦いでは西軍につき、徳川勝利後、米沢30万石に移封される。その後は家老の直江兼続とともに米沢藩の藩政確立に尽力した。

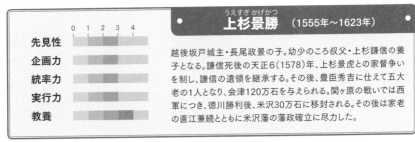

直江兼続

「直江状」で家康を挑発したって本当？

新説

そもそも「直江状」に偽作説が浮上

直江《なおえ》兼続《かねつぐ》は上杉謙信・景勝の2代に仕え、景勝の代にはほぼ全権を委任されたに等しかった。豊臣秀吉からもその才を認められ、直属の大名になるよう誘われたが、兼続は固辞して終生上杉景勝に仕え、上杉家を支える道を選んだ。

徳川家康の専横が強まるなか、家康から上洛を督促されたときも、兼続が返書を認めた。そこには景勝に謀意がないこと、景勝に対する讒言《ざんげん》の真偽を糾明して真偽を確かめるよう求めると同時に、**「追而《おって》書《がき》（追伸）」として家康を徴発する内容が盛り込まれていた。**家康はこれに激怒して会津征伐を決めるが、これこそ石田三成と上杉景勝・直江兼続が事前に盟約した東西挟撃《きょうげき》作戦に則った、思惑《おもわく》通りの展開と考えられた。

兼続が家康に送り付けた書状は「直江状《なおえじょう》」と呼ばれる。**しかし、近年は三成との密約は後世の創作で、「直江状」も現物が存在しないことから、実在したかどうかも含めて議論の的となった。**

一時は後世の偽作とする説が優勢だったが、写しが上杉家の文書集に集録されていること、何も返事をしなかったとは考えられないことなどから、ここ**最近は、今日に伝わる「直江状」は全体として信頼できるが、「追而書」は後世の創作・挿入とする見解に落ち着きつつある。**

大幅な減封後、兼続の手腕は民政の分野で発揮された。石高を減らされた分を補うべく、新田開発や水利事業はもとより、商工業の振興や商品作物の栽培、鉱山の採掘など、殖産興業に力が注がれた。

死後「奸臣《かんしん》」と評された上杉家筆頭家老

直江兼続は武将としての力量も執政としての能力も高い戦国時代屈指の人物といえる。しかし、死後、米沢藩においての兼続の評価はあまりよくなかった。兼続が再評価されるようになったのは、死後200年を過ぎてからのことである。

● 直江兼続の軌跡

武　功

慶長出羽合戦の長谷堂城の戦いでの撤退戦では、自ら殿《しんがり》を務めた。このときの兼続の冷静で勇敢な采配は語り草となり、敵将である最上義光や徳川家康が感心したほどであった。

施　政

関ヶ原の戦い後、会津120万石から出羽米沢30万石へ減移封となったが、治水事業に着手。氾濫が多かった最上川に堤防を作り（直江石堤）、新田開拓を進めた。このおかげで表高30万石ながら内高51万石にまでなった。

にもかかわらず、兼続の死後の評価は
「上杉家を窮地に陥れた奸臣！」

200年後

名君・上杉鷹山が兼続の施政を模倣

領地返上寸前の米沢藩再生のきっかけを作った、江戸時代屈指の名君・上杉鷹山《ようざん》（治憲）が直江兼続の事業を模倣したことで、兼続の能力が再評価されることになった。

なせば成る
なさねば成らぬ何事も…
すばらしい!

兼続の兜には「愛」の文字があしらってあった
そこに愛はあるだろう!

直江兼続《なおえかねつぐ》（1560年～1619年）

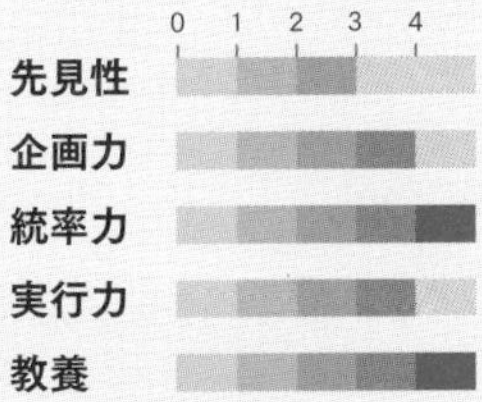

越後与板城主・樋口兼豊の子。幼少のころ上杉謙信に取り立てられ、謙信死後は上杉景勝に仕える。景勝の家督争いを勝利に導いたのち、景勝の執政となり主家と豊臣氏との連携を深めた。天正10(1582)年には越後の名門・直江家を継ぐ。秀吉と前田利家の死後、家康にとって最大の脅威となるが、勝ち運に恵まれず、景勝の米沢移封後は、米沢藩の確立に終生取り組んだ。

佐竹義宣

なぜ西軍寄りの行動をとったの？

諸方への義理立てでせざるを得なかった

常陸《ひたち》の佐竹《さたけ》氏は清和《せいわ》源氏義光《よしみつ》流の名家である。

戦国時代を通じ、南奥州と関東両方の覇権争いに絡んでいた佐竹義重《よししげ》だが、関東では北条氏の勢いに押され、南奥州では天正17（1589）年の摺上原《すりあげはら》の戦いで伊達政宗に敗れたのを機に、家督を子の義《よし》宣《のぶ》に譲った。義宣は義重の既定路線に従い、いち早く羽柴秀吉と気脈を通じることで本領を安堵された。

豊臣政権下では、諸大名の在京が求められたことから、義宣は京都にあり、義重は国元で留守を預かった。

打算によるのか情によるのか不明ながら、義宣は石田三成と非常に懇意な間柄となり、**福島正則や加藤清正らが不穏な動きを見せ、三成の身が危ういとなったとき、三成が伏見城内に逃げ込むまで、護衛の任を務めている。**

三成支持の姿勢はその後も変わらず。帰国した義宣は情勢を静観しながら、西軍寄りの姿勢を取っていた。上杉景勝・直江兼続のもとに密書を送り、同盟を申し出たこともわかっている。

密書の件は露顕《ろけん》しなかったが、西軍寄りの姿勢だけでも家康の不信を買うに十分で、佐竹氏の改易は不可避と思われた。

しかし、ここで隠居していた父・義重が動く。自ら上洛して、釈明に奔走。家康との面談にもこぎつけ、その怒りを和らげることに成功したのだ。

これにより佐竹氏の処分は出羽への国替減封で済まされ、**父の活躍によって御家取り潰しという最悪の事態は免れたのだった。**

父の外交力に守られた律義すぎる息子

佐竹義宣は律義者で不器用な武将だった。関ヶ原の戦いの際、西軍の石田三成や上杉景勝への義理から、西軍寄りの態度をとったことで家康の不信を買っている。そんな息子を守ったのが、現役のときは「鬼義重」との異名をとった父であった。戦えば勇猛果敢であり、外交戦略にも優れていた父は世渡り下手な息子を庇《かば》い、家を守った。

● 義宣の西軍寄りの行動

新説

石田三成を護衛

秀吉政権下で処分を受けそうになった際、石田三成のとりなしで事なきを得たことで、三成に対して恩義を感じていた義宣は、加藤清正らに脅かされ伏見城内へ逃げる三成を城内まで護衛した。

義

上杉討伐に不参加

上杉景勝・直江兼続と同盟の密約を交わしていた義宣は、上杉討伐には参加せず、水戸城に引き上げてしまう。しかし、東軍を推す父・義重や家臣らに抗しきれず、上田城を攻める徳川秀忠へ援軍を送るも、自身は動かなかった。

関ヶ原の戦い後、改易の危機！

父・義重がすぐさま家康に謝罪

うちの息子がガンコ者で
ホントにすみません
ヒラに
ヒラに

関ヶ原の戦いが東軍勝利で終わると、父・義重はすぐさま家康に戦勝を祝う使者を送るとともに、自ら上洛し上杉討伐への不参加を詫びた。義宣が謝罪のために上洛したのはその2年後だった。

佐竹義宣《さたけよしのぶ》（1570年～1633年）

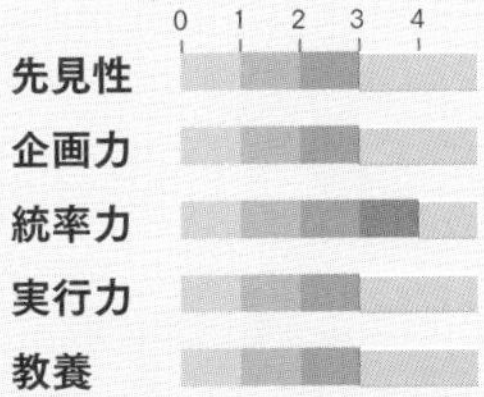
0
1
2
3
4
先見性
企画力
統率力
実行力
教養

常陸太田城主・佐竹義重の子。家督を継いだのち、北条氏、伊達氏と戦う一方、豊臣秀吉と結んで常陸統一に成功。文禄の役に従軍し、改めて常陸、陸奥、下野を与えられる。関ヶ原の戦いでは西軍に加担したため、戦後は出羽秋田に転封される。久保田城を築城し藩政確立にあたった。晩年は後継者選びに悩むが、徳川秀忠より亀田藩主・岩城吉隆を後継とする許可を得た。

福島正則

小山評定で真っ先に家康につくと宣言？

新説

後世の創作。小山評定があったかどうかも議論の的

母が秀吉の叔母であったことから、早くから秀吉に仕えた。「賤ヶ岳の七本槍」などの数々の武功により出世を重ね、文禄4（1595）年には尾張清《きよ》洲《す》城主として24万石を宛がわれるまでになった。

勇猛果敢な武将であったが、いつの頃からか**石田三成と反りが合わず、秀吉の死後、文禄・慶長の役を通じて遺恨を抱くようになった加藤清正・黒田長政・蜂須賀家政《はちすかいえまさ》・藤堂高虎らとともに反三成派を形成。**浅野幸長と細川忠興を加えた7人で三成弾劾を目論んだことさえあった。

徳川家康による会津征伐に従ったところ、三成挙兵の知らせが入り、下野国《しもつけのくに》小山《おやま》で軍議が催された。正則はその席で1番に声を挙げ、家康に味方して三成を討ち、大坂にいる人質を顧みないと宣言。場にいた諸将すべてが賛同したと従来いわれてきた。

しかし近年、小山評定はなかったという説が提起され、物議をかもしている。現在のところ、どちらの説が優勢とも判別できないが、正則の演説を後世の創作とする点では見解が一致している。

関ヶ原の戦い当日、松平忠吉に一番槍を横取りされるが、そこはすぐに気持ちを入れ替え、正面に対峙する宇喜多秀家隊に戦いを仕掛けた。

兵の数では大きく劣りながら、西軍が総崩れになるまでよく持ちこたえ、正則は戦後の論功行賞で安芸一国と備後の一部をあわせた49万石に加増・転封される。しかし大坂の陣では出陣を許されず、元和5（1619）年には城の無断修築を理由として大幅な減封・転封の上に蟄居《ちっきょ》の身となった。

関ヶ原の戦いにおける豊臣恩顧の大名の去就

関ヶ原の戦いには豊臣家恩顧の大名たちが東軍、西軍に分かれて参戦している。大きく分けて反石田三成派と親石田三成派といったところか。勝利した東軍に加わったそれらの大名は戦後の論功行賞で大幅に加増された。しかし豊臣家との絆が特に深いことを危険視された福島正則は、のちに論功行賞で与えられた広島城の無断修築を理由に大幅な減封・転封の上に蟄居をいい渡された。

西軍	東軍	論功行賞
石田三成	福島正則	安芸広島と備後鞆49万8000石（その後安芸・備後はすべて没収、信濃国川中島四郡中の高井郡と越後国魚沼郡の4万5000石〈高井野藩〉に減転封）
小西行長	黒田長政	筑前国名島に52万3000余石
宇喜多秀家	加藤嘉明	10万石の加増
小早川秀秋（東軍に寝返り）	浅野幸長	紀伊国で37万6560石を与えられ、和歌山城主
脇坂安治（東軍に寝返り）	田中吉政	筑後一国柳河城32万石を与えられ、国持ち大名となった
	山内一豊	土佐一国20万2600石を与えられた

福島正則《ふくしままさのり》（1561年〜1624年）

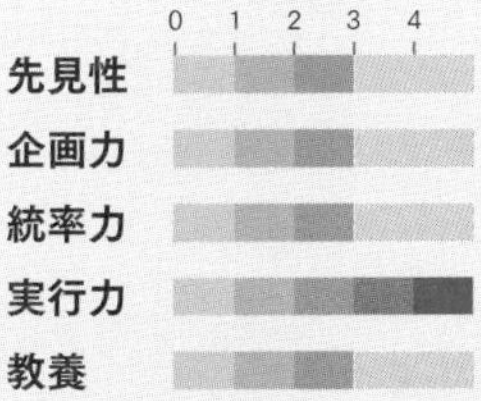

尾張海東郡二ツ寺村の出身。父の福島正信は桶屋、母は豊臣秀吉の叔母という。幼少より秀吉に仕え、賤ヶ岳の戦い、小牧・長久手の戦い、朝鮮出兵などで活躍し、文禄4（1595）年に尾張清洲城主となる。関ヶ原の戦いでは東軍につき、戦後は安芸・備後を与えられる。元和5（1619）年、幕府に無断で広島城を修築したとして改易。信濃高井野に蟄居を命じられ、その地で死去。

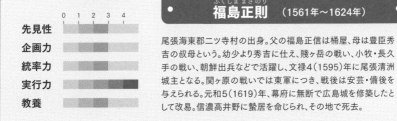

山内一豊

妻のへそくりで名馬を購入したの？

新説

へそくりではなく妻の持参金で購入か？

山内一豊《やまうちかずとよ》は尾張の出身。運命の巡り合わせで、父の仇《かたき》である織田信長をはじめ、豊臣秀吉、徳川家康の3人に順次仕えることとなった。

一豊といえば、「内助の功」で知られる。織田信長の命令で大規模な馬揃《ぞろ》えが予告されたとき、妻が金10両もする名馬をへそくりで購入してくれたおかげで面目を保てたというのだ。しかし、当時の一豊なら10両工面するのは容易だったはずなので、この話の信憑性にはやや疑問符がつく。仮に妻のお金で買ったにせよ、**支払いに充てた10両は結婚後にこつこつ貯めたものではなく、婚姻時に実家から持ってきた持参金と考えるのが妥当である。**

本能寺の変が起きた時には秀吉のもとで備中高松城攻めに加わっており、四国平定後は羽柴秀次付き宿老の一人に選ばれた。

北条氏の滅亡後、近江長浜2万石から遠江掛川5万石余に加増・転封となり、文禄4（1595）年に秀次が粛清《しゅくせい》されたときには、なぜか連座を免れただけでなく、秀次の遺領《ゆいりょう》から8000石の加増を受けている。

関ヶ原の戦いでは家康本陣の後方に配置されたため武功を挙げることはなかったが、**石田三成挙兵の知らせが届いて間もなく、誰よりも早く城の提供を申し出たことが認められ、土佐高知20万2600石への加増転封に与った。**

長宗我部氏の根拠地だっただけに困難が予想されたが、一豊は硬軟織り交ぜた巧みなやり方で切り抜け、明治維新まで続く土佐藩の基礎を築いた。

山内一豊の時代別エピソード

山内一豊といえば妻ともども知恵者のイメージが強いが、武勇伝も残している。信長、秀吉、家康に仕えた山内一豊の時代別の有名なエピソードを紹介しよう。

領地の変遷

近江国浅井郡唐国
400石
↓
長浜城主として
2万石
↓
遠江国掛川に
5万1000石の所領
↓
土佐国一国
20万2600石

● 刀禰坂《とねざか》の戦い（一乗谷の戦い）

天正元（1573）年、織田信長と朝倉義景の間で行なわれた一乗谷の戦いの一つ。弓の使い手として名高い敵将三段崎勘右衛門に矢で射抜かれながら、左目尻から右奥歯まで矢が刺さった状態で、勘右衛門を討ち取った。

● 関ヶ原の戦い

いち早く自分の居城を明け渡して兵糧を提供した。これは譜代衆がいれば自分が留守の間、城を守ってもらえ、出陣の人数も多くなるという合理的な理由によるものと伝えられている。

● 土佐統治

土佐入国後に一領具足による一揆に悩まされた。そこで、新国主入城の祝賀行事として相撲の興行を開き、見物客のなかから一揆に関係していた73人を捕らえて磔にした。

妻の見性院です。
良妻賢母の見本です。
買ってもらいました

山内一豊《やまうちかずとよ》（1545年？～1605年）

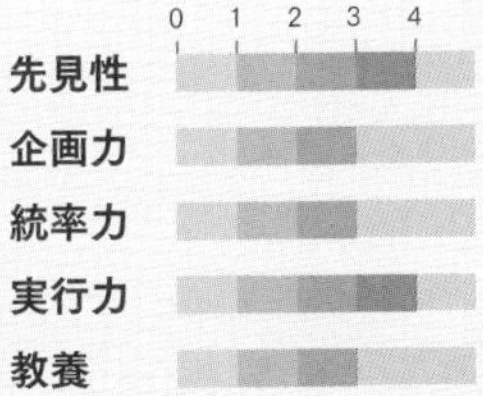
0 1 2 3 4
先見性
企画力
統率力
実行力
教養

尾張上4郡の守護代・織田信安の家臣・山内盛豊の子。信安が織田信長に滅ぼされたのち、信長に仕え、姉川の戦いなどに従軍。やがて羽柴秀吉に従い、高松城水攻め、小田原攻めなどで活躍。近江長浜城主などをへて、天正18（1590）年には遠江掛川城主となる。秀吉没後、徳川家康に忠誠を示し、関ヶ原の戦い後は土佐20万石余に栄転。晩年、高知城を築き藩政確立に努めた。

真田信繁（幸村）

大坂冬の陣の「真田丸」は半円形？

新説　四角形で、防御施設は四か所築かれた

真田《さなだ》昌幸《まさゆき》の二男。江戸時代の書物には幸村《ゆきむら》とあるが、生前にその名を用いたことはなく、信繁《のぶしげ》を名乗っていた。

武田氏滅亡後は上杉景勝、ついで羽柴秀吉のもとで人質生活を送り、そのまま秀吉に仕える。小田原攻めの最中に初陣《ういじん》を経験するが、信繁にとって何より大きな糧となったのは、慶長5（1600）年9月の第二次上田城の戦いである。徳川秀忠率いる3万8000人からなる大軍を足止めし、大事な決戦に遅参《ちさん》させた。**数で勝る敵を相手にいかに戦うか。このときの経験が大坂の陣で活かされるのである。**

関ヶ原の戦い後、兄・信幸《のぶゆき》の嘆願もあり、昌幸・信繁父子は処刑を免れ、高野山麓の九度山《くどやま》へ流される。昌幸はそこで病死したが、信繁は招きに応じて大坂城に馳せ参じ、徳川相手に大勝負を挑むこととなった。

大坂方の期待に反して、現役の大名で馳せ参じた者は一人もなく、元大名級も長宗我部盛親・毛利勝永と信繁の3人に過ぎなかった。逆にいえば、大坂城の命運は信繁に託されたにも等しかった。

慶長19（1614）年の冬の陣は籠城と決まるが、それでは不足と見た信繁は、惣構《そうがま》えの外に**「真田丸」**と呼ばれる出丸《でまる》を築き、大きな戦果を挙げる。**この出丸は半円形と考えられてきたが、近年の発掘調査により、四角形であることが判明した。**

翌年の冬の陣は最初から野戦となる。信繁率いる真田隊は一時家康の本陣を脅かし、徳川軍の諸将から「日本一の兵《つわもの》」と惜しみない賛辞を贈られた。

大坂冬の陣での真田丸の戦い

● 大坂冬の陣布陣図

慶長19（1614）年、江戸幕府と豊臣家との間で行なわれた合戦。大坂城での籠城戦を想定し、真田信繁は大坂城の南に出城を構築し、真田丸と名付けた。この布陣は同年12月のもの。南の茶臼山に徳川家康が陣を敷いた。

● 真田丸の戦い

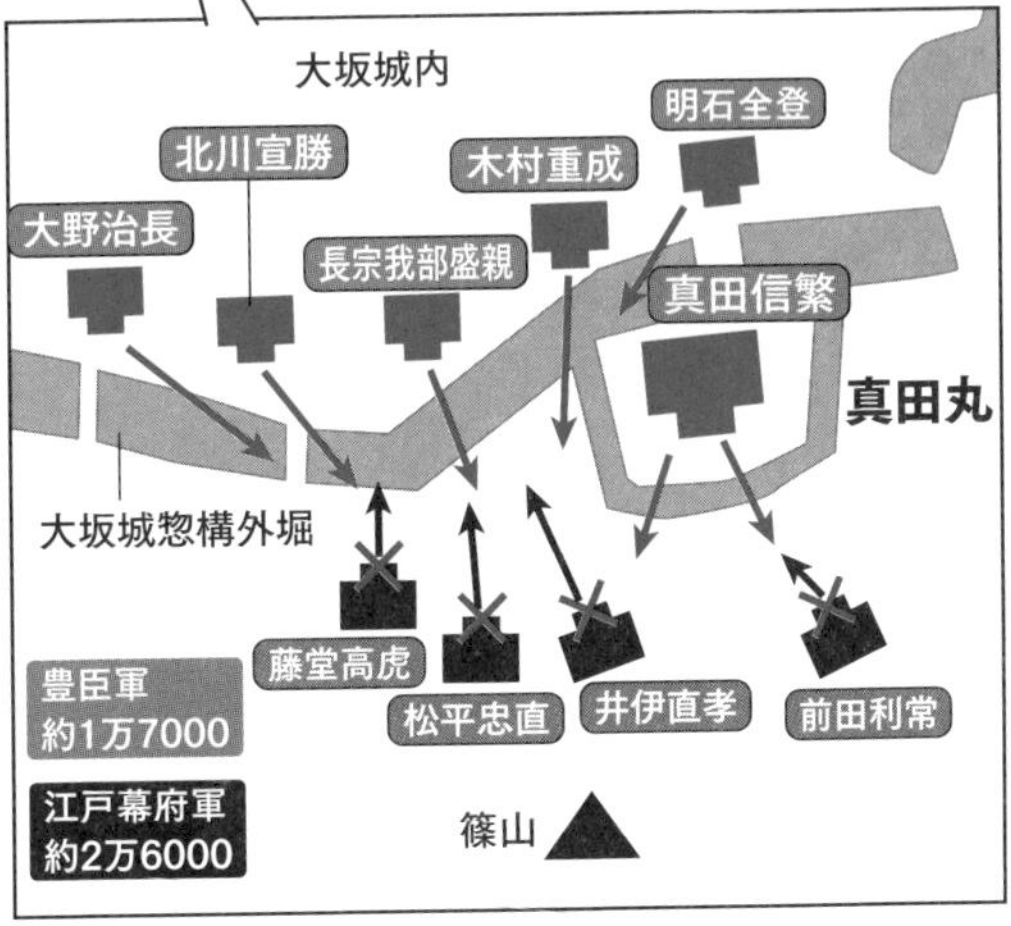

真田丸の概要

- 大坂城の惣構から突出した四角形の曲輪
- 主郭は東西長200〜230m、南北長200m（諸説あり）
- 三方に堀・塀を配し、外側には三重の柵

真田丸の南の篠山に兵を潜ませ、前田利常軍をおびき寄せ、前進してきた前田軍に対し猛攻撃し、前田軍を撃破。真田丸の戦いは真田信繁の武将としてのしたたかさを存分に見せつけた。

真田《さなだ》信繁《のぶしげ》（幸村《ゆきむら》）（1567年〜1615年）

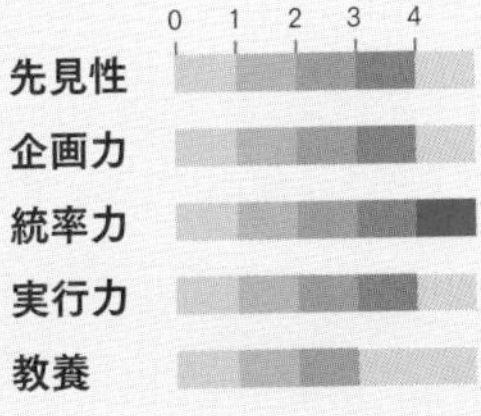

真田昌幸の二男。昌幸とともに豊臣秀吉に仕え、小田原攻めに参陣。関ヶ原の戦いでは、昌幸とともに西軍に属し、戦後は昌幸と同様、九度山に流罪となる。慶長19（1614）年、豊臣秀頼に召されて大坂城に入る。同年の冬の陣では出丸を築いて徳川軍を苦しめる。翌年の夏の陣では、河内道明寺一帯で伊達政宗軍を撃破したが、大坂城落城の前日、茶臼山で力尽きて討死した。

藤堂高虎

主君を10人以上変えた節操なし?

人を見極める確かな目で戦国の世を泳ぎ抜いた

藤堂高虎《とうどうたかとら》は生涯を通じて主君を変えること10回余り。主君を選べるはずの戦国時代でも飛び抜けた回数である。

そのため太平の世ではいたく評判が悪かったが、別な見方をすれば、仕官の途に困らないほど引く手あまただったことになる。

徳川家康に従う以前でもっとも長く仕えた相手は羽柴秀吉の弟・秀長で、秀長の死後はその養子・秀《ひで》保《やす》に仕える。秀保が不慮の出来事で急死すると、責任を感じたのか高野山に引き籠もるが、その才を惜しんだ秀吉から説得されると一転山を下り、伊予宇《いよう》和島《わじま》7万石の大名として復帰した。

恩義ある秀吉に対して頭の上がらない身となったが、高虎にすればそれも一代限りのもの。秀吉が息を引き取るやいなや徳川家康へ接近を図り、慶長4(1599)年には他の大名に先んじて、弟の正高を人質として江戸へ送った。

関ヶ原の戦いに際しては脇坂安治・朽木元綱《くつきもとつな》・小《お》川祐忠《がわすけただ》・赤座直保《あかざなおやす》ら4隊への寝返り工作を担い、大谷吉継隊壊滅とそれに続く西軍総崩れのきっかけを作った。

このような働きを認められ、戦後の論功行賞では12万石加増で伊予今治《いまばり》20万石の大名となり、慶長13(1608)年にはさらなる加増と転封で、伊賀一国と伊勢8郡を拝領。伊勢国の津城に居城を移した。

外様大名でありながら、家康から譜代並みの扱いをされた高虎。処世術と並び、築城術に秀でていたことが、高虎の強みだったとされる。

才能を武器に戦国の世を渡りぬいた男

藤堂高虎を現代のサラリーマンに例えれば転職上手となる。外様大名でありながら最終的には津城32万石余の大名となり、藤堂家は幕末まで続く家柄となった。それは高虎の巧みな処世術と武将としての強さ、そして築城の才能に拠っていた。

● 藤堂高虎の主な主君一覧

- 北近江の浅井氏
- 阿閉《あつじ》政家（浅井遺臣）
- 織田信澄（信長の甥）
- 羽柴秀長（秀吉の弟）
- 羽柴秀保
- 豊臣秀吉
- 豊臣秀頼
- 徳川家康
- 徳川秀忠

● 高虎が築城に関わった主な城

- 宇和島城
- 今治城
- 篠山城
- 津城
- 伊賀上野城
- 膳所城
- 二条城 など

高虎は築城の名手で、同じく名人とうたわれた黒田官兵衛、加藤清正と並び称される。高虎の城は、石垣を高く積み上げることと堀の設計に特徴があった。

伊賀上野城の高石垣は高さが約30メートルもあり、一切の反りがなく、加藤清正が築城した熊本城の武者返し（P95参照）とは対照的だ。

藤堂高虎《とうどうたかとら》（1556年～1630年）

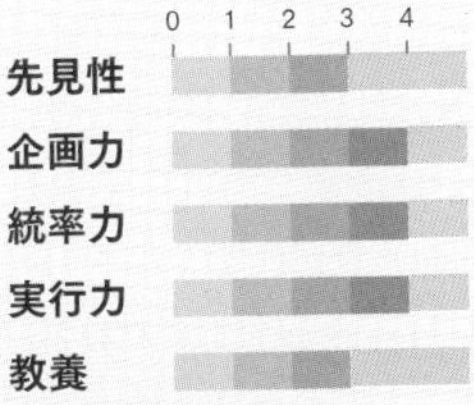

近江藤堂村の土豪で、京極氏、浅井氏に仕えた藤堂虎高の子。はじめ浅井長政に仕え、のち織田信澄、羽柴秀長、秀保、豊臣秀吉に仕える。秀吉没後は、徳川家康に接近し、関ヶ原の戦いでは軍功をあげ、伊勢、伊賀22万石を与えられて津城に入る。大坂夏の陣では真田信繁に苦戦していた家康を助け、戦後、32万石に加増。家康没後も、死ぬまで徳川幕府に尽くした。

細川忠興

なぜ妻のガラシャは死を選んだの？

三成の人質となれば夫が迷うと考えたから

細川忠興《ほそかわただおき》は細川藤孝の子。父に似て彼も当代一流の文化人で、織田信長の声がかりにより、明智光秀の娘・玉《たま》を正室に迎えた。

三男二女をもうけるなど、夫婦仲はいたって円満だったが、本能寺の変が起きたことで2人は厳しい立場に立たされる。

父・藤孝は信長への弔意《ちょうい》を示すために剃髪《ていはつ》して幽斎《ゆうさい》と号す。おそらくその父の判断で忠興は光秀からの誘いには応じなかった。

一方で、謀反人となった光秀の娘をそのままというわけにはいかず、忠興は表向き離縁したことにして、ほとぼりが冷めるまで玉を人目のつかない場所に幽閉することにした。

山崎の戦い後は羽柴秀吉に従い、忠勤に励むが、秀吉が息を引き取るやいなや、三男・忠利《ただとし》を江戸へ送るなど、徳川家康への接近を露骨にした。

家康の会津攻めにも従軍するが、彼には大坂に残した玉のことが気にならなかったはずはなかった。幽閉先から戻った玉はキリスト教に魂の救いを求め、ガラシャという洗礼名を得ていたが、忠興が彼女を愛する気持ちに変わりはなかった。

玉もそれを知るがゆえに、石田三成に我が身が人質に取られれば忠興の心に迷いが生じるとして、命を絶つことを決めた。キリシタンは自害を禁じられていたから、老臣に槍で突かせたといわれている。

関ヶ原の戦いの後、忠興は豊前《ぶぜん》一国と豊後《ぶんご》の2郡あわせて39万９０００石に加増転封となるが、今回ばかりは玉の犠牲に負うところが大だった。

多才な武将・細川忠興の実像

織田信長、豊臣秀吉、徳川家康に仕えた細川忠興は武将としての能力が高いだけではなく、父・細川藤孝と同様に、文化人としても優れた人物だった。一方で苛烈な性格の持ち主としても数多くの逸話を残している。忠興の残忍な振る舞いに、相思相愛だったとされる妻・ガラシャも何度か離婚を考えたと伝えられる。

●武将・細川忠興

信長家臣時代は大和片岡城攻めで戦功をあげ、信長から直筆の感状を得ている。秀吉家臣時代は、賤ヶ岳の戦いに始まり豊臣大名の一員として活躍。家康の元では上杉攻めに参戦。関ヶ原の戦いでも東軍の主力武将として大活躍している。

↓

主君からの信頼を得る

●文化人・細川三斎

和歌や能楽、絵画にも通じた文化人であった。千利休に師事し、利休七哲の一人。利休が秀吉に切腹を命じられたとき見舞いに行っている。土井利勝や春日局など数多くの文化人や大名、公卿たちとの交流を通して多くの情報を得た。

↓

情報戦に長ける

●顔の傷

額の傷
初陣で大和片岡城攻めに加わった際、敵の投石で受けた名誉の勲章
鼻の傷
妹・伊也の夫・一色義定をだまし討ちした後、救い出された妹に懐剣で襲われ、間一髪のところでかわすが、鼻を真一文字に切り裂かれた

細川忠興《ほそかわただおき》　(1563年～1645年)

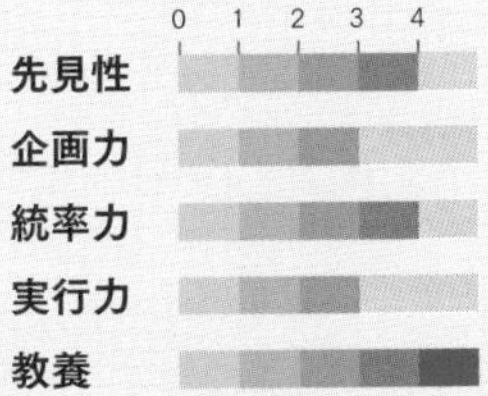
0
1
2
3
4
先見性
企画力
統率力
実行力
教養

細川藤孝の長男。はじめ室町幕府に、その滅亡後は藤孝とともに織田信長に従う。本能寺の変後は明智光秀の娘婿であるにもかかわらず豊臣秀吉に味方。関ヶ原の戦いでは東軍に属して功をあげ、豊前一国と豊後2郡39万石を与えられ中津城に入城。すぐに小倉城を築いて移り、藩政確立に努めた。元和6(1620)年、子・忠利に家督を譲り隠退。余生を八代城で送った。

立花宗茂

全所領を失ったのに復活できたのはなぜ?

家臣を守り自ら浪人に。その潔さが買われた

宗茂《むねしげ》は大友宗麟の重臣で筑後国宝満《ほうまん》・岩屋《いわや》城督を務めた高橋紹運《じょううん》（鎮種《しげたね》）の長男。紹運は盟友で立《たち》花《ばな》城の城督を務める戸次《べっき》鑑連《あきつら》（道雪）からの頼みで、宗茂を鑑連の婿養子とした。鑑連には男子がなく、誾千代《ぎんちよ》という娘が一人いただけだったからである。

その後、島津軍の北進により岩屋城は陥落。紹運も討ち死にするが、宗茂の守る立花城は持ちこたえ、秀吉軍の先鋒として毛利軍が到来したことで攻守が逆転。その武勇が秀吉の耳にも入ったことから、宗茂は筑後4郡を与えられ、柳河《やながわ》城を居城とした。

検地の結果、10万石の大名となるが、それも束の間、関ヶ原の戦いで西軍に与し、京極高次《たかつぐ》の籠もる大津城攻めを担当。関ヶ原での敗戦を聞いて急ぎ柳河城に戻り、東軍方の加藤清正と戦火を交えるが、もはや大勢を覆すことは不可能だった。

改易処分をいい渡された宗茂は主な家臣を加藤清正に預け、自らは浪人の身となった。あまりにも潔い身の振り方に、このような人材を朽ち果てさせるのは惜しいと、徳川家康と秀忠が慶長8（1603）年に召し出し、陸奥《むつ》棚倉《たなくら》で1万石を与えた。みごと大名として復活したのである。

さらに大坂冬の陣・夏の陣にも出陣して、元和6（1620）年には旧領の筑後に転封。10万9600石に加増された上、柳河城主への返り咲きも果たした。宗茂の戦いはこれで終わらず、寛永15（1638）年には70歳を超えた身でありながら、3代将軍徳川家光の命により島原の乱討伐に出陣している。生涯現役の手本をいくような人物であった。

文化人としての立花宗茂

武将としての立花宗茂の呼び声は高い。大友氏による筑後奪回戦に際しては宗茂は1000余人の兵とともに立花山城の留守を預かり、8000の兵を撃破している。一方で文化人としていくつもの顔を持っている。ここでは立花宗茂の側面を紹介する。

剣術　丸目長恵《まるめながよし》から慶長元（1596）年10月にタイ捨流の免許皆伝を受けている、自身も抜刀術隋変流を開いている。

弓術　天正18（1590）年に尾村連続、慶長6（1601）年10月に中江新八、慶長7（1602）年に吉田茂武から日置流の免許をそれぞれ受けている。

茶道　細川忠興からも一目置かれていて、忠興は子の細川忠利に対して「数寄の事は宗茂を見習う事」と書き記している。忠興とは茶道を通じてかなり親密な関係であった。

香道《こうどう》　後陽成天皇の弟・良恕法親王より「薫物」を贈られている。

蹴鞠《けまり》　飛鳥井雅春から「鞠道」の門弟として、小早川隆景とともに「紫組之冠懸」を免許されている。

立花宗茂《たちばなむねしげ》（1567年～1642年）

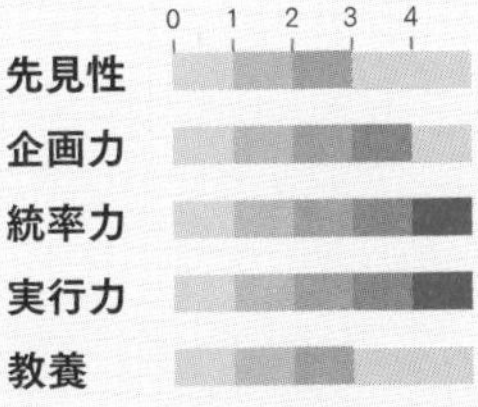

筑前岩屋城主・高橋紹運の子。筑前立花城主・戸次（立花）鑑連の婿養子となり、天正13（1585）年に家督を継ぐ。豊臣秀吉に従い、九州攻めで功をあげ、筑後柳河城主となる。関ヶ原の戦いで西軍に属したため改易されるが、徳川秀忠に召される。大坂の陣では功をあげ、旧領を回復し柳河藩主となる。寛永14（1637）年、家督を養子・忠茂に譲って隠退。

監修者

小和田 哲男〈おわだ てつお〉

1944 年、静岡市生まれ。1972 年、早稲田大学大学院文学研究科博士課程修了。現在は静岡大学名誉教授。文学博士。公益財団法人日本城郭協会理事長。
専門は日本中世史、特に戦国時代史で、主著『後北条氏研究』『近江浅井氏の研究』のほか、『小和田哲男著作集』などの研究書の刊行で、戦国時代史研究の第一人者として知られている。また、NHK 総合テレビ「歴史秘話ヒストリア」および NHK E テレ「知恵泉」などにも出演し、わかりやすい解説には定評がある。NHK 大河ドラマでは、「秀吉」(1996 年)、「功名が辻」(2006 年)、「天地人」(2009 年)、「江～姫たちの戦国～」(2011 年)、「軍師官兵衛」(2014 年)、「おんな城主 直虎」(2017 年)、「麒麟がくる」(2020 年)で時代考証を担当している。主な著書は『戦国の群像』、(学研新書、2009 年)、『戦国武将』(中公文庫、2015 年)、『戦国武将の実力』(中公新書、2015 年)、『明智光秀・秀満』(ミネルヴァ書房 2019 年)、『戦国名将の本質　明智光秀謀反の真相に見るリーダーの条件』(毎日新聞出版、2019 年)など多数。

参考文献

『全国版　戦国時代人物事典』(歴史群像編集部編/学研)・『中世史講義【戦乱篇】』(高橋典幸編/ちくま新書)・『一揆と戦国大名　日本の歴史13』(久留島典子著/講談社学術文庫)・『織豊政権と江戸幕府　日本の歴史15』(池上裕子著/講談社学術文庫)・『戦国武将』(小和田哲男著/中公文庫)・『戦国武将の実力　111人の通信簿』(小和田哲男著/中公新書)・『戦国武将列伝１００』(小和田哲男著/メディアパル)・『戦国大名　政策・統治・戦争』(黒田基樹著/平凡社新書)・『戦国の城』(小和田哲男著/学研新書)・『戦国合戦の常識が変わる本』(藤本正行著/洋泉社)・『戦国大名の経済学』(川戸貴史著/講談社現代新書)・『戦国と宗教』(神田千里著/岩波新書)・『戦国の忍び』(平山優著/角川新書)・『城郭考古学の冒険』(千田嘉博著/幻冬舎新書)・『応仁の乱　戦国時代を生んだ大乱』(呉座勇一著/中公新書)・『大内義隆　類葉武徳の家を称し、大名の器に載る』(藤井崇著/ミネルヴァ書房)・『六角定頼　武門の棟梁、天下を平定す』(村井祐樹著/ミネルヴァ書房)・『現代語訳　信長公記』(中川太古訳/新人物文庫)・『織田信長〈天下人〉の実像』(金子拓著/講談社現代新書)・『織田信長合戦全録　桶狭間から本能寺まで』(谷口克広著/中公新書)・『信長軍の司令官　部将たちの出世競争』(谷口克広著/中公新書)・『覇王信長の海　琵琶湖　なぜ覇者たちは琵琶湖を制したのか』(中井均・太田浩司・松下清・東幸代著/洋泉社歴史新書)・『信長の城』(千田嘉博著/岩波新書)・『ここまでわかった本能寺の変と明智光秀』(洋泉社編集部編/洋泉社)・『秀吉神話をくつがえす』(藤田達生著/講談社現代新書)・『信長家臣明智光秀』(金子拓著/平凡社新書)・『明智光秀　浪人出身の外様大名の実像』(谷口克広著/洋泉社歴史新書)・『明智光秀　牢人医師はなぜ謀反人となったか』(早島大祐著/ＮＨＫ出版新書)・『本能寺の変』(藤田達生著/講談社学術文庫)・『黒田官兵衛　作られた軍師像』(渡邊大門著/講談社現代新書)・『天下統一　信長と秀吉が成し遂げた「革命」』(藤田達生著/中公新書)・『必見！　関ヶ原』(小和田哲男監修/岐阜県)・『新視点　関ヶ原合戦　天下分け目の戦いの常識を覆す』(白峰旬著/平凡社)・『関ヶ原大乱、本当の勝者』(日本史史料研究会監修・白峰旬編著/朝日新書)・『関ヶ原合戦は「作り話」だったのか　一次史料が語る天下分け目の真実』(渡邊大門著/ＰＨＰ新書)・『真田丸の謎　戦国時代を「城」で読み解く』(千田嘉博著/ＮＨＫ出版新書)・『超解説！　戦国武将まるわかり事典』(島崎晋著/コスミック出版)・「戦国手帳」(小和田哲男監修/コミュニティネット)・『細川幽斎』(森正人・鈴木元著/笠間書院)・『室町幕府と地域権力』(大藪海著/吉川弘文館)

眠《ねむ》れなくなるほど面白《おもしろ》い

図解《ずかい》 戦国武将《せんごくぶしょう》の話《はなし》

2021 年 8 月 10 日　第 1 刷発行
2023 年 12 月 20 日　第 4 刷発行

監修者　小和田哲男《おわだてつお》
発行者　吉田芳史
印刷所　図書印刷株式会社
製本所　図書印刷株式会社
発行所　株式会社日本文芸社
〒 100-0003 東京都千代田区一ツ橋 1-1-1　パレスサイドビル8F
TEL 03-5224-6460(代表)
URL https://www.nihonbungeisha.co.jp/

Printed in Japan 112210721-112231208 Ⓝ 04　(300051)
ISBN978-4-537-21912-8
編集担当・水波 康